天外的乡愁

Nostalgia with the wind

苏菲 著

中国文联出版社
http://www.clapnet.cn

图书在版编目（CIP）数据

天外的乡愁 / 苏菲著. --北京：中国文联出版社，2014.12
ISBN 978-7-5059-9267-2

Ⅰ.①天… Ⅱ.①苏… Ⅲ.①散文集—中国—当代
Ⅳ.①I267

中国版本图书馆 CIP 数据核字（2014）第 247208 号

天外的乡愁

作　　者：苏　菲	
出 版 人：朱　庆	
终 审 人：李金玉	复 审 人：姚莲瑞
责任编辑：苏　晶	责任校对：李　立
封面设计：春天·书装工作室	责任印制：周　欣

出版发行：中国文联出版社
地　　址：北京市朝阳区农展馆南里 10 号，100125
电　　话：010-65389147（咨询），65067803（发行），65389150（邮购）
传　　真：010-65933115（总编室），010-65033859（发行部）
网　　址：http：//www.clapnet.cn
E - mail：clap@clapnet.cn　　　suj@clapnet.cn

印　　刷：中煤涿州制图印刷厂北京分厂
装　　订：中煤涿州制图印刷厂北京分厂
法律顾问：北京市天驰洪范律师事务所徐波律师
本书如有破损、缺页、装订错误，请与本社联系调换

开　　本：880×1230	1/32
字　　数：167 千字	印　张：9.25
版　　次：2014 年 12 月第 1 版	印　次：2014 年 12 月第 1 次印刷
书　　号：ISBN 978-7-5059-9267-2	
定　　价：28.00 元	

版权所有　　翻印必究

生命的履痕

——苏菲《天外的乡愁》序

白舒荣

当东南亚华文作家在忧虑当地华文创作后继乏人时，旅居美国的华文文学写作者却与日俱增。中国大陆改革开放后，赴美留学潮、移民潮，为华文创作队伍不断输送新人，交出了优秀的创作成果。

苏菲可谓其中之一。

好友刘於蓉女士约我为苏菲的新书《天外的乡愁》写序时，我尚对她一无所知。她来信介绍自己："原名王红梅，20世纪70年代出生于安徽省太和县。毕业于安徽中医学院，皮肤科硕士。毕业后在上海某医院工作。2003年赴美，取得美国加州中医师执照，自营诊所至今。学生时代创作诗歌，在各类报纸杂志发表诗歌数十篇。赴美后开始散文创作，作品散见于北美数家中文报纸杂志。近两年尝试小说创作。现任北美华人作家协会河滨分会副会长，洛杉矶市文化艺术委员会委员。"

这些文字为苏菲其人大致勾勒了一个线条，在读完《天外的乡愁》后，一个富有艺术气质、爱花爱美爱亲人爱家乡，爱中华传统文化；一个善于观察生活、热爱生活、享受生活，聪明睿智活泼豁达乐观进取的现代女性——苏菲，豁然鲜活生动起来。

序　言

　　《天外的乡愁》汇集了苏菲年轻生命中的部分履痕。站在北京的位置看，作品中关于她自身历程的行文，是由远及近——美国是远中国是近；站在苏菲洛杉矶的所在，其行文则由近及远，美国为近，中国为远。无论从哪个角度观察，文本皆比较真实地表现了作者自我。

　　全书内容丰富多彩，文笔灵动飘逸。无论是散文还是诗篇，读起来皆韵味无穷，颇能开阔视野。

　　苏菲出生的安徽太和县地处中国黄淮平原南端，有中国书画艺术之乡、中国民间文化艺术之乡、中国著名医药集散中心之美誉，从这里飞出去的多才多能的中医师苏菲，明显烙印着故乡的文化基因。

　　苏菲出生那天，朱砂梅绽放，家人因此给她起名叫红梅。她嫌这个名字有点俗气，到美国后立刻改了个洋名，却丝毫不影响她对梅花的喜爱。她曾以熟读背诵的中国古代咏梅诗词，再三向不懂梅的洋人说明梅花在中国的深刻内涵。

　　有位每次见面必向她问梅的意大利艺术家，任她百般解释，却总把梅花比桃花。苏菲感慨道："显然，这位艺术家也误解了梅花。梅花的尴尬至此已无以复加。我怎么才能告诉他，在万木萧瑟，大雪压境的冬天，忽然看到一树梅花迎雪吐艳时那种惊心动魄。怎么才能告诉他，当千年老梅，铁枝铜干，如枯若死，一夜风雪后，突然琼枝吐艳那种绝处逢生的沧桑感。怎么才能告诉他，当你为情所困，辗转反侧时，突然一股梅香袭来，幽幽而来，又悄然而去，那种神魂颠倒。梅花的美是摄人魂魄的，如果赏梅在淡云、晓日、薄寒、细雨，或小桥、清溪、明窗、疏篱，再加上诗酒横琴，林间吹笛，这时候你很难再做凡人，梅花是人间尤物，更是人间与仙境的使者。"

或许正因"红梅"这个中国名字，她几成花痴，对一切花花草草都情有独钟爱若珍宝。移民洛杉矶，刚拿到驾照买了车，便迫不及待地呼朋唤友翻山越岭寻寻觅觅探访赏花。甚或远途飞行，不辞辛苦山山水水地跋涉。曾为三角梅，度假飞赴它的故乡巴西，也曾为玫瑰辗转于盛产地厄瓜多尔。

苏菲爱花懂花，对花观察细致入微，巧思妙笔工笔描摹，并融汇中外文化进行比较，升华对花的欣赏和认知。作者热爱生活、追求美的浪漫情怀一览无遗。

写到九重葛，她说："记得在上海时，好像见过这种花，常常在某个人家的墙上探出头来，像红杏出墙，羞羞答答。这里的九重葛得天独厚，恣意生长，狂野泼辣，花瓣密密匝匝，若彩云压境。"

一句"像红杏出墙，羞羞答答"，一句"花瓣密密匝匝，若彩云压境"，传神地营造出上海和洛杉矶两地九重葛的独特意境。

现代著名作家朱自清曾将荷叶比作舞女的裙，她亦赞美加州州花野罂粟的花茎和花蕊"像亭亭的舞女旋转的裙"。比喻雷同，妙在她的别有笔墨："这里的舞女不像朱自清笔下舞女那样清纯雅致，这里是醉着的舞女，她们舞着、跳着、唱着，端着的杯子里盛满金色的诱惑。""裙"字虽一，意象立见差异。

序　言

　　从中国传统文化着眼，她认真地诠释了桃花："也许是桃花并不特别的美丽，而且凋零很快，功利的美国人是不会看中的。但桃花对于中国人却有着特别的情结，桃花自两千年前从《诗经》里款款走出来之后，在崔护的'人面桃花相映红'的诗句里风流了千年，在陶渊明桃花源的梦里婉转百结，它的香魂艳骨又经林妹妹的锦囊收留之后，桃花已经不再是本来的桃花，桃园也不再是那个桃园，桃花已成为流淌在我们民族灵魂深处的那一抹嫣红、一种美的律动，中国人对桃花的眷恋根深蒂固。"

　　花开花落，春秋时序，苏菲亦有自己的感动和领悟："'春风桃李花开日，秋雨梧桐叶落时'，在我看来，秋叶比落花更美，春花零落时很狼狈，让人伤感，再说，春花落后还有绿叶和果实。秋叶落后一无所有，而且明知道就要凋落了，还是把自己艳装起来，在最美的时刻凋零，那样静美，那样洒脱，那样气定神闲的，大富豪一样挥洒用不完的金币银币，大手笔一样书写人生的图画，大智大慧的人一样拥有一切，却不带走任何东西。所以，落叶总拨动我生命里最美的那根琴弦。"

　　"美是一种升华，美是一种财富。"她说。

　　酷爱旅游的苏菲，抓住任何机会抖擞精神到美国境内外八方出行。漫步赌城拉斯维加斯、在亚利桑那州连绵不断的荒山和焦枯的谷地驰车、乘热气球飘荡于北加州广袤的葡萄园上空。到英国站立在牛津城牛顿的苹果树下，遥想如雷贯耳的哲学家培根、诗人雪莱、天文学家哈雷……徜徉剑桥大学康河，探访叹息桥的传说，默一曲徐志摩《再别康桥》。继而情迷爱尔兰，品味墨西哥火烤冰激凌、欣赏别样舞蹈、体验亚马逊密林生存，逛印第安人集市，巴西寻三角梅，厄瓜多尔觅玫瑰……

她从旅游中收获的不仅是感官愉悦和增广见闻，也深化了她对生命的理解和思考："大自然是神奇的，就像这林子，有高就有低，有直就有曲，有的在高处攀登，有的在低处匍匐，有的在中间困苦，有的干脆就寄生在别人身上，生存的竞争随处可见。"

在美西满眼狰狞、黄褐色荒山沙滩乱石遍布、声息全无的"死亡谷"，她感慨："谁说山清水秀才是美，谁说繁华富丽才是美，这里的死寂，这里的洪荒，涤静了心中所有的杂念，所有的烦恼忧愁都烟消云散，人类的欲望也降了又降。"

对赌城拉斯维加斯，她的体会是："这黄金堆砌的城市，白天和黑夜连在一起；欢乐和痛苦连在一起；生和死，天堂和地狱都连在一起。这仿佛是欢乐之都，也是死亡之都，绝对是个拷问灵魂的地方。"

苏菲热爱中华文化，唐诗宋词脱口而出、信手拈来为我所用，与行文水乳交融，为之赋予更深刻新奇的内涵，表现出她比较深厚的文化积淀。

《天外的乡愁》不少篇幅成功地浓墨重彩状物写景，亦有不少篇幅情真意切描述了形形色色的人。

文学是人学，无论小说、散文，还是诗，无论何种题材，都离不开对人、对人性直接或间接的描写与省思。

序 言

景中有人，人中有景，人景密切交融。《天外的乡愁》里那些侧重描绘自然界花草胜景的篇章，不乏作者的身影及流露出的真性情。那些被她专门描写的人物，也形象鲜明个性突出，于臧否中，表现她的爱憎，及悲天悯人的情怀。

德国著名作家歌德曾在《少年维特的烦恼》中有言：人的感情和行为千差万别，正如在鹰钩鼻子和塌鼻子之间，还可能有各式各样别的鼻子。

同为华人新移民，苏菲靠自己的艰苦努力在美国站稳了脚，而《玫瑰的爱情》里的苏州新移民玫瑰，却希图不劳而获走捷径，终至幻灭落拓。《老人与栅栏》中的老者孤独寂寞，渴求温暖，却以无理取闹的方式希望达到目的，徒惹人厌烦。

留给我印象最深的是她关于自己和家人的一些描述及感怀。苏菲五岁时因坚拒喝中药被家人五花大绑捏着鼻子往下灌的情景令人忍俊不禁。她说，人生的第一杯苦水，让她学会坚强，日后每当遇艰难困苦，就咬紧牙关，攥紧拳头，对自己说"既然不能逃避，我就挺过去。就像《飘》中的女主角斯佳丽，在极端困难的时刻，站在原野上高喊'明天，明天我会有办法的'。"

离婚三年后，她终于再见到儿子的一段书写，令人鼻酸："终于找到了儿子所在的幼儿园，那是一个寒冷的冬天，放学时分，儿子坐在他爷爷的自行车的后座上，我清楚地看到儿子一只脚上没有穿袜子，半截小腿在冷风里乌青着。我大喊他的名字，告诉他我是妈妈，妈妈来看你了。不料，他看了我一眼，冷漠地说，'你不是我妈妈，你是青蛙。'我放声大哭，引来了一大堆围观的人，儿子在自行车的后座上，再没有回头。"

或许正因经历了生活的多重磨炼，方有今日苏菲的进取和清醒乐观。

坚忍不拔千方百计乐此不疲地督促孩子读书学艺的母亲、清水泡鹅卵石当下酒菜的酒痴二舅爷、一生清苦默默为亲人奉献的叔父，她的这些亲人们在其笔下皆鲜活生动，可敬可爱可亲。

尤其关于二舅爷的一些描述生动传神，幽默发噱。有一次，二舅爷和剧团的朋友到苏菲家做客，在河边钓了不少鱼，却酒少不够喝。他出门去买酒，发现钱装在烟盒里，被他误扔进了水，便转身去河边找。迟迟不见其身影，苏菲奉母命跑去找他，只见"二舅爷正稳稳地站在河边专心钓鱼，微风吹鼓起他红色的衬衣，面对着一汪清清的河水，背对一望无际的碧绿的田野，笔直地站着，一手握着钓竿，另一只手握着一壶酒，甩开鱼竿的刹那，我觉得二舅爷很帅，如玉树临风。我前去招呼二舅爷，问钱找到没有，二舅爷藏起那酒壶说，鱼儿都来吃钩了，正是钓鱼的好时候。我说，大家都在等你的酒，二舅爷一拍脑袋，笑着说，不着急，钱在树枝上晾着呢。这时我见他脚边有一棵野生的一尺多高的枸杞子树，一张十元的钞票搭在树枝上，早就干了。说时迟，那时快，正好一阵风吹来，那张钱飘飘悠悠吹到河水里去了。我慌忙去捞，那钱越漂越远，二舅爷笑着说，不要找了，我钓了他的鱼，又喝了他的酒，该付钱给他了。我怔怔地看着二舅爷，二舅爷笑眯眯的，看不出一点儿醉意。"其人其行，可直追魏晋时代的竹林七贤了。

　　《天外的乡愁》里最后的诗篇，更通过剖析并寄怀李白、苏东坡、三毛、白娘子、嫦娥和武则天等中华古今真实或传说名人的悲喜人生，进一步表现作者对人生、女性、爱情和婚姻等的理解与思考，其中不乏奇思妙想，独到见解。

　　苏菲名其书《天外的乡愁》，当取自她那篇咏三毛的诗《天外的乡愁》，这似乎出于她对台湾当代传奇女作家三毛的喜爱景仰痛惜叹惋和惺惺相惜，或者也暗示着作者在文学创作上的某种自我期许吧。

　　苏菲的文学创作，路远且长。遥送祝福和冀望！

2014年10月20日于北京

目录

第1篇　北美生活

尴尬的梅花　/3

爆炒水仙花　/8

牢狱之灾　/14

踏花记　/20

又见柴门　/24

追梦三角梅　/28

玫瑰的爱情　/32

老人与栅栏　/45

石榴　/50

鬼节魅影　/55

茶花　/60

马背闲情　/64

第2篇　美西风情

南加之秋　/71

西部桃花　/76

华丽的流星　/82

爱上荒原　/87

天堂密码　/92

世外桃源塞多纳　/96

寂地　/100

古堡奇缘　/104

漫步拉斯维加斯　/108

夕阳中的墓碑镇　/114

第3篇　游　记

叹息桥　/123

情迷爱尔兰　/128

原乡情　/134

火烤冰激凌　/138

别样的舞蹈　/142

密林幽思　/147

印第安集市　/152

印第安人剪影　/158

失落的玫瑰　/163

摇曳的玉米　/168

第4篇 乡 情

故乡的冬天 / 175

第一杯苦水 / 180

青蛙妈妈 / 184

酒人 / 190

上学的故事 / 196

胭脂情 / 204

故乡的泡桐树 / 209

寂寞的柿子树 / 214

哭叔父 / 220

那一片红薯地 / 228

第5篇 其 他

珍珠祭 / 235

秘情果 / 240

吃花的女子 / 245

青春留香 / 250

下午茶 / 253

第6篇　诗　篇

梦呓李白　/261

苏东坡　/264

天外的乡愁——给三毛　/267

致嫦娥　/270

祭白娘子　/272

再祭白娘子　/274

无字碑　/276

必也正名乎（代跋）　　　　　　　　王清正　/279

第 1 篇

北美生活
BeiMeiShengHuo

尴尬的梅花

爆炒水仙花

牢狱之灾

踏花记

又见柴门

追梦三角梅

玫瑰的爱情

老人与栅栏

石榴

鬼节魅影

茶花

马背闲情

尴尬的梅花

我出生的那一天,家门前的梅花初绽,据说是朱砂梅,很美,家人就给我取名"梅"字,自小父亲教我古诗,关于梅花的诗很多,到现在还能一口气背出很多,如:"冰雪林中著此身,不与桃李混芳尘","不受尘埃半点侵,竹篱茅舍自甘心"。我最喜欢曹雪芹的"冻脸有痕皆是血,酸心无恨亦成灰,误吞丹药移真骨,偷下瑶池脱旧胎"。关于梅,人们谈论太多,种梅、赏梅、写梅、画梅,梅深入到人们生活的各个角落,虽暗里知道这名字极美,自己也觉得颇有几分梅的风姿,但每当别人问起我的名字时,又觉得难以启齿,太俗了,取这个名字的人太多,声音听起来也闷声闷气的,对这个名字的尴尬,一直不能释怀,到美国后立刻给自己取了一个雅致的英文名字,以为总可以脱俗了,不料一些好事的西方人非要知道我的中文名字不可。

记得一个墨西哥人问我的名字,我就告诉他我的名字是梅,他又问"梅"是什么意思,我说是一种花,那人打破砂锅问到底,问什么花,我突然张口结舌起来,记得梅花翻译成英语是plum,就是李子,心想李子有什么好说的,迟疑了一下,就

说plum，那人噢了一声，就不再问了，显然，他对这个答案很失望。

第二次，一个美国人问起梅花，我接受上次的教训，不再说李子花，就启发他，是一种花，中国最美的花，你猜猜看，那人就说"是玫瑰花"。我有点失望，就进一步启发说，这种花，很美，在冬天开放，中国人最喜欢，经常把它们画成画挂在墙上，写进诗里。那人想了想："是牡丹吧，牡丹又大又美，我看很多中国人的家里挂着牡丹花。而且牡丹是我认识的唯一中国花。"

我一听又没有希望了，也难怪，很少有美国人知道中国国情，很少有美国人了解中国的历史与文化，更何况一种花草。罢了。先不说梅花，就问美国人认为最美的花是什么，他说是玫瑰，又问最高贵的花是什么，他说是兰花。

我不假思索半开玩笑地问："是那种睾丸草吗？"因为作为四君子的梅、兰、竹、菊中的兰花直译英文是"睾丸草"。他大笑："是像蝴蝶的那种兰花，很美、很香，宴会的时候别在胸前。"

我说梅花对于中国人岂止是插在花瓶、别在胸前的，梅花是被中国人挂在墙上、捧在手上、供在心里的，是深入血液和灵魂的一种花。他似乎被我感动了，突然对梅来了兴趣。

这胖胖的老美认真起来，有一天，他突然跑来兴冲冲地告诉我，苏菲，我找到了梅，结一种酸酸的果子，是可以做色拉醋的，很好吃。我讶然了，是的，有些梅花是可以结果子。大多花草有艳花者无果实，有美实者无艳花，难得梅花两者俱美，梅的美不仅是果实，这老美只知道吃。

第三个问我的是意大利人，是搞音乐的，宽宽的前额，身材颀长，有一种玉树临风的气质，我想这人是有艺术感受力的，反正他没见过梅花，加州也没有梅花，就信口开河起来，我说梅花是中国最美的花，有几千年的栽培史，梅花是我们中国民族精神的象征，梅花凌寒飘香，不屈不挠，自强不息，铁骨冰心，很多中国人都倾心于梅。清朝曾有一位叫陈介眉的官人，听说孤山的梅花开了，立即丢官弃印，从京城千里迢迢骑马狂奔至杭州，只为"何物关心归思急，孤山开遍早梅花"。还有一个叫林和靖的，有一天独自欣赏梅花时，一下子被梅花的神姿吸引了，从此入孤山种梅花，一辈子没有下山，以梅花为妻子。那人睁大了眼睛问："真的吗？""真的"。我说，林和靖有一首写梅花的诗，在所有写梅花的诗中独占鳌头，无人能比，"众芳摇落独喧妍，占尽风情向小园，疏影横斜水清浅，暗香浮动月黄昏。"我脱口而出，他让我解释一下，我说不能，用汉语我尚且不能解释诗的意境，何况用英语，我只能简单地告诉他，这是写梅花在黄昏里，在月色下，美丽的倩影倒映在水里，销魂的香气在月色里浮动，美得不可言喻，如果你读了这诗，看了这梅，你一定能作出美的乐曲，中国有名曲《梅花三弄》，你可以写出"梅花四弄"。

从此，那人每次见我，必问梅的消息，一天被逼无奈，就从网上找出梅花的照片与绘画作品，其中有一幅《墨梅》。那人端详半天，说，很像桃花吗，枯瘦的桃花，还有黑色的，很稀有的颜色。我不想再解释那是墨梅，也不想再说梅花的美就在于疏、瘦、清、斜。

显然，这位艺术家也误解了梅花。梅花的尴尬至此已无以复加。我怎么才能告诉他，在万木萧瑟，大雪压境的冬天，忽然看到一树梅花迎雪吐艳时那种惊心动魄。怎么才能告诉他，当千年老梅，铁枝铜干，如枯若死，一夜风雪后，突然琼枝吐艳那种绝处逢生的沧桑感。怎么才能告诉他，当你为情所困，辗转反侧时，突然一股梅香袭来，幽幽而来，又悄然而去，那种神魂颠倒。梅花的美是摄人魂魄的，如果赏梅在淡云、晓日、薄寒、细雨，或小桥、清溪、明窗、疏篱，再加上诗酒横琴，林间吹笛，这时候你很难再做凡人，梅花是人间尤物，更是人间与仙境的使者。

很长一段时间，我不再提梅花，更不再解释自己的名字。

有一次和一个日本人闲聊，不知怎么就谈到樱花，他异常兴奋，说樱花如何美，凋零时如何凄艳，樱花节如何感人，樱花酒、樱花汤、樱花宴、樱花美人，竟说得泪花点点。我也不由自主又谈起梅花,梅坞、梅径、松梅、竹梅、石梅、梅花诗、梅花酒、梅花魂,他说他的,我说我的,他说的我不太懂,我相信我说的他也不懂,但有一点是相通的,就是对一种花的深入灵魂的热爱。

尴尬的梅花今天一泻千里,梅花,几千年的书香缭绕得骨清魂香,几千年的诗心陶冶得如此美丽,在中国人的心里千回百转的梅魂,作为民族精神,今天又一次在世界的东方高高扬起。

爆炒水仙花

到美国留下来的成年人,看起来各种各样,其实粗略地分起来,只有三类。一类是精英富豪或官宦子弟,来美国寻求更好的发展或庇护。另一类是在中国上不上,下不下,很难再有发展前途的公职人员或小商人,在中国已经没有升迁的希望和发财的机会,来美国寻求新的机会。还有一类是绝对的无产者,一无所有的最底层的工人农民或无业游民、地痞流氓。不管是哪类人,能来美国都不容易。或神通广大,或坑蒙拐骗,或历尽艰辛。

来到美国后的人,因为经济的原因,立刻泾渭分明。一类是有钱人,很快住进高级宾馆,马上买房置业,开公司。没钱或钱少的立刻被送进家庭旅馆住下,暂时安顿下来,然后想方设法找工作。这些人鱼龙混杂,有大学教授,也有街头混混,有小商小贩,也有公司头头。不管是龙是虎,住到家庭旅馆大家地位都一样,都在同一起跑线上,在这里重新洗牌。男人大都去餐馆洗盘子,或当装修小工。女的去餐馆当服务员或做家庭工。

所谓家庭旅馆,就是一个大通铺,一个房间里放五六个或更多的床垫，床垫都是从街上捡来的，大小不一，各色各样，不论白天黑夜，永远有人在睡觉，也永远有空的床位。因为他们工作的时间各不相同。这种接待华人的家庭旅馆当然都是华人开的，虽然不合法，但屡禁不止，因为有市场。

当然，我也毫无例外地住进了家庭旅馆。这家庭旅馆还真有点家的感觉，米面油盐和煤气都是免费的，因为美国的食物相对很便宜，尤其是基本的米面。于是，这些房客天天米面油盐地吃着，四个灶头的火炉一天到晚都热火朝天。看那些整天烙油饼、炸元子的东北大汉，真替他们不好意思。

这种暂时的平等也形成了他们心理上的平等，谁有什么事大家一起帮忙，谁有什么不开心大家一起来劝说，大家一块儿互相交流着找工作的信息。哪家律师有能力不坑人，哪里的餐馆需要人，哪里的赌场给饭吃还发钱。看起来其乐融融，私下里有的苦着一张脸，发愁找不到工作，有的看起来很亢奋，毕竟安全地到了美国。相同的是，每个人都十分节约，口袋里的钱所剩不多了，工作还没有着落，美国东西不贵，但折合成人民币还是让人咂舌。所以，有些人就想方设法省钱，看别人不在，偷挤别人的牙膏，偷吃别人的肉菜，偷偷用别人的电话卡，在街上捡一些看似有用的废弃物品。常有人抱怨丢了钱，但大都是十块八块的。

有一天，一个朋友来看我，我们在中国就认识。他来美国有三年了，一见面就诉苦，诉说着刚来美国时，如何的艰苦和无助，说着说着眼睛就湿润起来，"你知道我有多难过，一天到晚牛马一样拼命工作，没有节假日，没有朋友来往，又舍不得吃，舍不得穿，舍不得娱乐，生病也舍不得看医生。"

"听说美国的东西并不贵，有必要这么省吗？"我问。

"你很快就会明白，我们来美国有多少是正常门路的，大都是通过中介公司花了一大笔中介费的，家里又有老婆孩子，我没有了身份，孩子老婆也永远来不了，这样妻离子散的天涯海角苦熬着，回去后再拿不出几个辛苦钱，怎样面对父老妻儿。"

"你攒到钱了吗？"我问。

"哪里有呀，我们不会英文，没有这边的学历，又没有工作许可证，只能打黑工，做体力活，工作是有，工资都在每月1500美元以下，去掉衣食住行，剩不下几百块，勉强够孩子的学费，休闲娱乐完全不存在，偶尔有了休息日又能怎么样，也是闷在屋里睡觉，没有车门都出不去呀。"

我说："你为什么不买一辆车呢？你来美国都三年了，还没钱买车吗？"

"不能啊，我没有身份，没有社安号，拿不了驾照，再说有了车更麻烦，每月还要多支出车贷、油钱、保险，真的一点儿也剩不了。"

"为什么不找律师办身份？"我问。

"律师费要七八千块，我没有钱，现在又过了申请时间，只有黑下来了，不知哪一天就被驱逐出境了。嗨，驱逐就驱逐吧，在美国我也是真的待够了，天天吃鸡的日子真不好过。"

我纳闷了："天天吃鸡还不好？"

"你还不知道，鸡是美国最便宜的食物，很大的饲料肉鸡，吃起来像是嚼木头。我还想告诉你，在美国没有亲情，缺乏友情，爱情就像这饲料鸡，几天就催得肥肥胖胖，但是食之无味啊。"朋友说着，两眼像忧郁的湖水。

原来如此，怪不得冰箱里全是鸡肉。

我因为马上要准备执照考试，不能找工作，前途未卜，身上少得可怜的美元也不敢花。市里规定院子里不准晾衣服，但我舍不得25美分的烘干费，总是偷偷地在院子里晾衣服。有一次，在路边捡到10美分硬币，高兴了半天，从此出门就不由自主地盯着地面。

我喜欢吃蔬菜，没有肉可以，没有蔬菜很难忍受，非常想念绿油油的菠菜、甜丝丝的大白菜，看到院子里的绿草很想咬上几口。其实也不是绝对吃不起蔬菜，主要是因为离超市很远，洛杉矶几乎没有公共汽车，只能步行去，这里的任何路程都是以车程计算的，步行去超市几乎不可能，加州的太阳又特别强烈。曾经蹭别人的车去过一次超市，买过一些蔬菜，但房东的冰箱一定是在街上捡的，形同虚设，一点儿保鲜能力都没有，蔬菜没两天全烂了。

有一天，我特别想吃蔬菜，就和同室的小周聊起了蔬菜经。

小周是东北人，很爽快，很热心，看我笨笨的每天吃方便面，就认为我不会做饭，很同情我，就自告奋勇地要做菜给我吃，并吹嘘她自己最拿手的是葱爆羊肉、宫保鸡丁之类。她一边说一边看冰箱，真的没有可吃的蔬菜。她郁闷了一会儿，突然叫起来："这里有新鲜的大蒜头，还带着绿油油的蒜苗，我给你做蒜爆鸡丝。"

我看了一眼，在冰箱外靠墙的角落里，果然有三颗硕大的蒜头，带着绿油油的小苗，心想米面和油盐酱醋都是免费的，这大蒜恐怕也是免费的吧。我犹豫了一下："你确定这是免费的吗？"

"嗨，不就是几头蒜吗，多大点儿事呀，我给你做一个蒜爆鸡丝。"她七手八脚就把大蒜洗净，切成菲薄的片，一边切一边夸，美国大蒜就是好，这么大的个儿，连蒜苗也特别的肥，碧绿碧绿的，也不刺激眼睛，味道一定也不错。

我在一旁看着，疑惑地说，这蒜一点味道也没有。

"这是美国，美国大蒜能跟中国蒜一样吗？"她继续兴高采烈地做着。

我不言语了，专心地等着她的蒜爆鸡丝出锅。

终于做好了，不知为什么我有些担心，吃的时候特别小心，仔细品尝，真的一点蒜味也没有，有点像百合的味道，又绝对不是百合。我就吃得很少，我的朋友大概是自我欣赏吧，吃得津津有味，不一会儿，一盘全吃光了。

晚上，她在房间里，又吐又泄，腹痛难忍，当夜被几个男生送医院急诊了。

我因为吃得少，只是恶心了一阵，闹腾了一晚上就好了。

次日，房东来了，问住在这里的每一个人，他放在冰箱旁边的水仙花怎么不见了。所有的房客都说不知道，我和朋友不知为什么也战战兢兢地说不知道。

爆炒水仙花的事就这样不了了之了。从此我不再吃大蒜，也不再养水仙花了。

牢狱之灾

记得小时候，奶奶牵着我的手让一个瞎子给我算命，瞎子要了我的生辰八字，嘀嘀咕咕掐算了半天，说我命犯天罗星，将来有牢狱之灾。被我奶奶一顿臭骂，那瞎子马上改口道，"是女命不妨碍"。

长大后，诸事不顺，有一天，出于好奇，就买了一本八字算命的书，研究一番，发现自己真的有天罗星入命，说命犯天罗不一定有牢狱之灾，但事事不如意，如陷罗网之状也，好像有几分道理。

到美国之后，诸事都顺了，渐渐地忘了这件事，没想到，有一天我真的就锒铛入狱了。那天，警察到我公司做例行检查，一个员工依仗自己英文好，又是美国公民，认为警察查她的包是侵犯隐私权，不合法，和警察吵起来，警察大怒，就以妨碍公务为名，将她逮捕了，我作为公司老板也一同被逮捕了。

当我手戴镣铐，被粗暴地推入一个房间，大铁门沉重地锁上之后，才知道自己真的入狱了。牢狱就是牢狱，是故意地对人的身心进行摧残的地方。正是秋天，已经很凉了，房间里故意开着很冷的冷气。地是水泥的，墙壁是惨白的，没有任何装饰，床是铁皮的，没有被褥，晚上睡觉时给不给毯子尚不知道。可以猜测，一定不会让你感到温暖舒适的，但马桶却在一个最显眼的位置上，没有盖子，散发着令人恶心的气味。

　　进去后不准穿鞋，也不能穿袜子，外套也要脱去，光脚走在冰冷的水泥地上，凉得透骨，石头的凳子更是冰一样冷。只得蹲在铁皮的床上缩成一团，生命的尊严消失殆尽。幸亏我的律师及时赶到，几个小时后我无罪释放。但这一经历却是屈辱的，后来每次填表格，在"有没有被捕过"这一栏都不得不写上"yes"。每次都要请律师写封信解释一番，才能平安度过。

　　不久，和我同住一栋房子的女友丹妮，也莫名其妙地入狱了。倒霉的她在一天内被开了三次罚单，最后还是入了狱，并判有罪。她是投资移民，带两个孩子跑绿卡的，一年来美几次，不经常住在美国，对美国生活了解不多。她早上去超市买菜，一出门就被开了罚单——因为没有系安全带，还没有到超市又被开了一张罚单——因为没有给行人让路，等她气急败坏地回到家里，警察已经在家门口守候了，原来她把两个孩子留在家里，一个9岁，一个6岁，6岁的那个孩子打翻了米粥碗，烫伤了小臂，听到哭声，邻居报警，她以伤害罪和单独留下未成年孩子罪被捕。更不可思议的是，警察来调查时，发现她和两个孩子同睡在一张床上，也被告知是不合法的。在美国，丈夫打骂妻子，父母体罚孩子，都是要坐牢的。都说美国自由，你在大街上随便拍一个女性的肩膀，试试看，告你性骚扰罪没商量。熟悉的人之间也不能勾肩搭背，如果谁哪一天心情不好告你一状，让你吃不了兜着走。所以在美国，男女授受不亲。

一年夏天，一个19岁的中国女留学生，逛街时把狗留在车上，狗中暑死了，这个学生因虐待动物的罪名被判坐牢一年半，罚款两万美元。前几天，我去超市，见道路被几辆车团团围住，原来被围在中间的那辆车上是一名男子和一个10岁左右的孩子，有人看见男子打了那女孩，于是几辆车主动过来拦住路，不让那人走开，有人告诉了警察，几分钟内，警察就来了，处理的结果可想而知。

美国有人权，这是真的，法律明确规定，公民有言论、结社、出版、宗教及请愿的自由，任何人都可以抨击政府。有一个电视节目，专门拿国家最近新闻和高层领导搞笑。总统及重要人物经常被编成小品引人发笑，估计周立波就是从这里学的。美国的一些图书馆、会议室、公共设施等免费提供给各个社团使用。我出于好奇，听了几次关于"灵魂觉醒"的讲座，居然公开宣称世界是虚拟的、不存在的，一切都是幻象。这与我们从小接受的马克思主义世界观根本对立，但在美国，没人敢管，因为言论自由啊。各种宗教团体四处开花，我家后面的西来寺院，每到初一、十五都人满为患，有不少警察在那里维持秩序。地铁上、公园里、大街上，时而会有人即兴演讲，演讲的内容多是抨击政府的。

我的一个律师朋友，经常讲起一些有趣的事，全都是他经手的案子。比如，一个富有的女客户，买了一所大房子，住进去已经三年了，有一天在车库摔倒了，股骨头骨折，她告房地产公司没有告诉她车库有台阶，结果房地产公司乖乖地赔了钱。再如，一个妇女在麦当劳买一杯热咖啡，不小心烫了自己，于是告麦当劳咖啡太热，没有警告标志，结果也赢了，得到一大笔赔款。又如，一名犯罪嫌疑人被警察追捕，追捕的过程中，犯罪嫌疑人开枪打死两名警察，他也被警察击中，他的母亲知道此事后，打电话给急救中心，在救护车到达后，犯罪嫌疑人已死，这位母亲投诉救护中心没有及时赶到，延误了他儿子治疗的最佳时机，要求急救公司赔款。还有更可笑的，一个小偷夜入一家偷东西，从烟囱而入，结果卡在烟囱里一天一夜才被救出，后来他反告这家的烟囱建筑不合理，而且他居然胜诉了。

这在中国是天大的笑话，在美国却很正常。记得我装修诊所的时候，一直修了大半年，市里一次次派人检查，单单为了"残疾人"就重修了好几次。一次说房间门太窄，残疾人的轮椅进不去；一次说门口最便利的位置没有残疾人专用停车处；还有一次说电源开关的位置太高，残疾人伸手够不到。美国的残疾人，大熊猫一样不敢得罪，所以赵本山来美国演小品，拿残疾人做笑料，一定会让美国人大跌眼镜。

在美国，如果出现凶杀案，最先接受调查的是最亲的人，妻子死了先查丈夫，孩子死了先怀疑父母。但有些人命关天的重大案子却草草了结。例如，前不久，一个八岁的墨西哥男孩被一个成年男子一枪打死，就像打死一只老鼠一样一点事儿也没有。原因是这个墨西哥男孩进入了成年男子的院子摘了成年男子家一个橘子，入侵了成年男子的私人领地。还有，我认识的一个越南男子被枪杀，杀他的人一点儿罪名也没有，因为那个越南男子身上也有枪，一个带枪的人被枪杀，杀人者无罪。但是，就在几天前，一个黑人在一住户家门口被杀，这个黑人身上没有任何武器，杀死他的白人仍被宣告无罪，原因是，这个黑人有攻击行为，有破门偷盗的嫌疑，这个白人属于正当防卫，其间有没有种族歧视，很难得知。报纸、电台沸沸扬扬为此喧闹了一阵子后，不了了之。

美国是法治国家，法律讲究证据，有些案子，明眼人一眼就能看到谁在犯罪，因为没有证据，犯罪嫌疑人逍遥法外。有些明显是冤枉的案子，也因为找不到证据，被冤者也只能在牢中受难。

都说法律无情，美国的法律也有法外有情的时候。比如年轻的已婚男女罪犯，每隔几个月，监狱会有专门的房间让夫妻共度良宵，怀孕的女犯人可以监外服刑。我听说的一个浪漫的故事就发生在加州女子监狱，一对墨西哥裔青年男女，同时破门而入一家盗窃，因为盗窃又误杀了人，男的逃走了，没有抓到证据，女的被判无期徒刑，终身监禁。爱她的男子做了变性手术，变成女性，要求陪她在狱中服刑，监狱居然接受了，真的让他们出双入对。

总之，法律是双刃剑，惩罚坏人的同时也冤枉无辜。美国人大都守法，如果不小心惹上牢狱之灾，麻烦也是挺大的。

踏花记

来美不久，考上了驾照，买了一辆心仪的车，心像飞一样飘起来。呼上几个朋友，大有"春风得意马蹄疾，一日看尽长安花"的心情。我们一行人，今天是：春风得意乘宝马，一日尽访洛城花。

洛城是个花城，因为气候温暖，土地肥沃，特好养花，几乎家家养花，每个超市都有卖花的专柜。因属亚热带，花的种类繁多，花期特长，四季不断，玫瑰、百合、兰花、海棠、波斯菊、绣球花……最有代表性的是九重葛、夹竹桃和扶桑。九重葛又叫宝巾花，是一种多年生半攀缘植物，开着铃铛一样的花，颜色有红色、粉色、白色和橙色，常常倚篱而生或缘树而长，四季常青，多年不败，花开得密不透风，如树如墙，远看红墙玉树，云蒸霞蔚。记得在上海时，好像见过这种花，常常在某个人家的墙上探出头来，像红杏出墙，羞羞答答。这里的九重葛得天独厚，恣意生长，狂野泼辣，花瓣密密匝匝，若彩云压境。夹竹桃因为耐旱和光照强烈，也是开得繁花万朵，如痴如醉。扶桑花常常作为天然的围墙和篱笆，常年有巴掌大的花朵四季不断。

这里值得一提的是玫瑰,在美国,英国后裔很多,英国人爱玫瑰,也把这种嗜好带到了美国。加州的玫瑰又特殊,它们不分季节,一年四季都盛开着,种类繁多。大家不约而同地喜欢把大朵的玫瑰种在窗前,玫瑰花枝摇曳,如玉人移步,香飘满屋。把攀缘玫瑰种在院门或篱笆上,攀缘玫瑰在篱笆上若隐若现,让人浮想联翩。把玫瑰树种在进门的道路两旁,玫瑰树多是各种颜色嫁接后的玫瑰,一棵树上可有几种花色,恰如夹道欢迎的队伍,使人感觉到家的温暖。

刚来美国不久,看什么都觉得新奇,洛杉矶虽然是大都市,但没有高大的建筑,除了市中心极少的高楼,民居都是单层或复式别墅式样,每家都有前后院,家家都不设院墙,窗户很大,窗帘大开,每户都种一些花草树木权作院墙,花树掩映,颇有风情。

有的主人喜欢低矮的花草,如三叶锦、波斯菊、草海棠、太阳花。各种颜色排列有序,锦缎、流霞一般环绕线条分明的木屋。有的人家专门养有香味的花,如迷迭香、薄荷花、茉莉、木香,沿着院中的小径和篱笆种植,一年四季,花满架,香满径;有的只种攀援类,蔷薇、牵牛花、披荔等,藤牵花绕,疏篱掩映,别有洞天。富豪人家甚至大片大片地种同一种花,取名玫瑰园、兰花岗、茉莉别墅等。有一户居然种了数百亩的茶花,花季里,繁花满树,落红满地,很是凄艳。

乔木的花树，我能叫出名字的是紫薇、捷克阮迪、粉雾等，捷克阮迪开在春末，紫薇开在夏季，粉雾从秋到冬，捷克阮迪树一般种在路两边，枝条舒展，稠密的花朵遮天蔽日，形成一条紫色的花荫隧道，美得如诗如画，这时，如果从飞机上看洛杉矶市，会看到一片片、一堆堆的紫云，那就是捷克阮迪树。粉雾满身是刺，高大参天，如中国广州的木棉树，树冠很大，花朵形状、大小都像百合，多是粉红色，花季里如云似雾，所以芳名"粉雾"。

听说5号州际公路有百里花道。我们疾驶而去，真是的，一百多里全是碧桃花，红的、白的、粉的，一人多高，浓密茁壮，看不到叶，全是花，蔚为壮观，让人目不暇接。花是植物的爱情，爱能如此，无怨无悔。

沿此道而驶，翻过山就到了羚羊谷，这里是我们今天看花的最后一站。刚一翻过山，一片谷地展现在眼前，星星点点的野花陆续出现，后来一片片，再后来，遍地皆是野花。这就是著名的加州州花——野罂粟。它是一年生草本植物，繁殖力极强，喜温而又耐旱，加州有的是无人的旷地，野罂粟便在这里无拘无束地开起来。这花大如酒杯，颜色金黄，特点是花瓣极薄，好像一吹即破，颜色极艳，艳得像镀了金一样。样子极娇，它的花瓣是高高地开在花茎上，花茎又细又长，花朵大而单薄，在微风的摇曳中，显得楚楚可怜，仪态万千，像亭亭的舞女旋转的裙,像斟满酒的夜光杯。记得朱自清把荷叶比作舞女的裙。但这里的舞女不像朱自清笔下舞女那样清纯雅致,这里是醉着的舞女,她们舞着、跳着、唱着,端着的杯子里盛满金色的诱惑。她们唱的不是梵婀铃的清音,而是狂野的摇滚,充满了欲望,让人想起大块的黄金、大把的美女、大好的锦绣前程。绵延几十公里的野罂粟,没有一棵乔木,也没有一棵灌木,所有的空地都被它们占满了,从天开到地,从地开到天,花山、花海、花天、花地,怎样形容都不过分。

花开到这样,真是尽情尽兴。

看花如此,也了无遗憾了。

又见柴门

小时候,我乡下家里的院门,是用柴枝做的。几根大小不一,或直或弯的枣木钉起来的,三尺多高的样子,好像永远半开半闭着,无论我什么时候回家,它都是一如既往的样子。院子里有许多的花花草草,是我探索不尽的领地,我最爱那篱笆墙,总是有开不尽的花朵,春天有粉红的蔷薇,夏天有紫蓝色的牵牛,秋天有蝴蝶样的眉豆花,冬天有明黄的腊梅探出墙外。花永远地开着,门地老天荒地等着我。

三四岁时,父亲就教了我很多古诗,我最喜欢的是"应怜屐齿印苍苔,小扣柴扉久不开。春色满园关不住,一枝红杏出墙来"。那小小的柴扉成了我心中的诗意之门,苍苔、柴门、春色、红杏,成了生命里关不住的风景。还有"倚仗柴门外,临风听暮蝉。渡头余落日,墟里上孤烟"。多么静美的画面,多么淡然的情怀!"篱外谁家不系船,春风吹入钓鱼湾。儿童疑是有村客,急向柴门去却关"。这里,生活成了一种毫无牵挂,完全逍遥的状态。所有与柴门有关的地方都有一种无言的美,"柴门"成了一种淡泊无争的诗意的境界。

后来,走出了家门,也就远离了柴门,学校的大铁门往往很高，但多是镂空的，周末晚归了还可以爬上爬下地翻越。工作单位的小木门把你又削又砍，压榨了所有的激情。最沉重的是家里的那扇防盗门，没有爱的家里，那扇门像一只空洞的眼睛。当爱情失去时，有人会把门重重地关上，想借此声音压碎另一颗心。其实更可怕的是把门轻轻地阖上，毫无声息，那是最具悲剧性的动作，像一只断线的风筝，无声的痛更加令人揪心。最心酸的是倚门而望的父母，每次离开家门，母亲都一直站在门边，直到我的背影消失，殷切的希望印在那个背影里，无论你遇到什么艰难困境，老家的门总在那里守望着你，亲切温暖，毫无悬念。

　　门是生命中的一道道风景，大大小小，形形色色，有的温暖，有的冷酷，有的轻松，有的沉重。每离开一个地方，总要关上一扇门，有时决绝，有时犹疑。每到一个新的地方，总有一扇门在等你；每到一个新的地方，我最先注意的是什么样的门。但无论如何，柴门是见不到了，柴门成了最美好的风景，在不可企及的地方花香满径。

　　一天，我去了圣诞莫妮卡的海边，就在洛杉矶西部一个靠海的城市。那里有一个威尼斯海滩。名为威尼斯，是因为有一条威尼斯运河。这里原来准备开出十几条运河，想在干旱缺水被沙漠包围的洛杉矶，利用海水建一个意大利式的水上城市威尼斯。这个想法足够浪漫，给过于光秃呆板的洛杉矶带来几分水乡的秀丽。可惜后来挖出了石油，水源受到污染，这一工程被迫停止，勉强留下三条河流，制造出人工的弯曲的走向，建了几座风情各异的桥，颇有几分水乡的影子。水是从海里引过来的，可以控制，不必担心涨水，房子就贴水而建，真有一番中国江南水乡，"人家尽枕的河"的情致。

沿河的房子风格各异，有肃穆精巧的英式、气派的美式，其中西班牙式的最多，也最引人注目，洛杉矶西班牙族裔很多，这反映出在整个洛杉矶，西班牙是靠海的国家，房子依海而建，高低错落，就着迤逦的海岸，形成特殊的"水岸气息"。线条多用弧形，如水般流畅。西班牙是一个热情好客的民族，反映在建筑上，有众多的回廊、穿堂、过道，这样一方面增加了海景欣赏的长度，一方面增加了空气的对流，形成自然的穿堂风，使客人有足够的空间、舒适的环境可以停留。地中海式的建筑更有风味，用自然的材料、自然的色彩、手抹的白灰的质朴的厚墙、蓝色的屋瓦，显出阳光、海岸、沙滩的天然元素，给人一种海天一色的浪漫情怀。房屋的设计多不对称，没有一定规则，像是在毫不经意中做成。麻织的躺椅、卵石的庭院，一派慵懒、随意的感觉，让我非常喜爱。

最让我感兴趣的是，大家不约而同地使用了矮小的后门，都在临河的一侧。有的是几片木头，有的是几根竹子，有的是几缕铁丝，编成2~3尺高的门，故意挑选陈旧的料子，很像小时候家乡的柴门，而且，有门必有篱笆，且篱笆上必有花草，有的是绿叶白花的茉莉，有的是繁花累累的三角梅，有的是风情万种的攀缘玫瑰。家家院落或修竹滴翠，或藤牵蔓绕，或香草满地，虽然没有葫芦架、豆角秧的乡土气息，但那石缝里恣意生长的野草，台阶上故意不扫的落花，很有"野老篱边江岸回，柴门不正逐江开"的情调。

他们没有古诗的诗意熏陶，却也做出了中国"柴门"的意境。

我依依不舍地在这里消磨了半日，做梦似的不真实，所幸的是"又见柴门"。

追梦三角梅

我父亲爱花，但似乎并不知道怎样打理它们，千方百计弄来的花就随意栽在院子的某个角落，任其自生自灭。也正因为这样，在那小小的院落，我才可以看到很多的花。从我有记忆起，冬天有梅花，春天有迎春、月季，秋天有桂花、菊花，夏天最热闹，从名贵的牡丹、大理花，到平常的凤仙、鸡冠花、卑微的指甲草、野麻花，常常是窗里挂着吊兰，窗外盆栽着太阳花，墙上趴着牵牛、黄花的丝瓜、白花的葫芦。西窗外的一株粉红的攀援玫瑰枝枝蔓蔓地不知道度过了多少岁月，一株丹桂好像也有许多年了，可以吃的紫荆花每年都在那里。其实，我最喜欢的是半依西墙的木香，最魂牵梦萦的却是芍药。但我从来没见过传说中的三角梅，即使后来离开家，到过很多地方，也真的没有对三角梅有过任何印象。

移民加州以后，每天上下班的路上总是看到绿树丛中或人家的墙角篱院里，一片片绯红的花朵，灿若丹霞，很让人心神荡漾。听朋友说，这种花叫"粉雾"，英文是"pink fogs"。这名字很有诗意，远远看上去，真像绯红的雾。

南加州因为气候干旱，那些藤藤蔓蔓自然生长的草木很难生存，又加上他们喜欢把花草树木做成呆板的几何图案，整个的植被感觉有点"秃"。这里最多见到的树是棕榈树，虽然亭亭玉立，但绝无旁枝，只在树顶有几片羽状的大叶子，像是用秃了的鸡毛掸子。橡树古板单调，老气横秋，尤加利树更是简洁利落，总之，觉得少了那一种藤牵蔓绕的柔美，爬山虎倒是有，但那种紧贴墙壁或死抱树木的样子让人觉得喘不过气来。我上班要翻过一道山，常常看到山间的人家绿树白墙的院落里一树树粉雾，或半依墙篱，或轻站树梢，很有一种"牧童遥指杏花村"的意境。

有一天，我在山间迷了路，车子在一道花墙边无路可走，就停了下来。几百米长的一人多高的墙被密密的深红的花朵铺盖着。这花开得非常热烈，花朵层层叠叠，堆红叠绯，满枝满丫，密不透风，像一道花朵的瀑布。从来没见过这样开的花，如此的热烈、执着，淋漓尽致，毫不保留，把生命的美张扬到极致，让人一见感动，那仿佛不是花朵，是燃烧着的花朵的灵魂。根本看不到叶子，仔细看这花其实就是叶子，铜钱大的略呈三角形的叶子，有着叶子的形状、叶子的脉络，沿着叶子的走向一路开过来，但远比叶子稠密，三角形的花朵铃铛一样缀满飘逸的枝条，单看那花，并没有特别的美艳，也没有任何香气，但那繁花压境、排山倒海的气势没有任何花可以比拟。我迫不及待地把这一发现告诉朋友，朋友说：你看到的不是"粉雾",一定是"三角梅",我很惊讶,居然是三角梅。

没有梅花的美艳,也没有梅花的清香,更没有梅花的顶风傲雪,怎么可以叫梅?然而,我对这花一见倾心,每次见到都忍不住驻足。后来,发现这花不但可以开得热烈,也可以开得很节制,通常一年有两次花季,但只要阳光充足,一年四季都是花期。它可以在稠密的绿叶里半露芳颜,也可以在枯死的藤边娇艳地绽放。这花树可以向高处生长,长成一棵风情万种的藤树;也可以委屈地趴在地上,铺一地红霞。最有风情的是,倚着墙或伴树而生,花朵袅娜轻盈,摇曳生姿。它极耐干旱,不择环境,可以开在热闹的公园,也可以开在破败的农舍、墙角、水滨、贫瘠的山崖上,甚至嶙峋的石缝间。我曾在北加州的葡萄园里见到过三角梅,北加州是葡萄酒乡,庄稼是清一色的葡萄架,很多人家在葡萄园的边沿种上三角梅,仿佛给碧绿的葡萄园镶上绯红的花边,很是动人。我也曾在深入荒漠的高速公路两旁见过它,叶子都干枯了,一片不留,花儿开得照样如火如荼,最让我感动的是,在一块贫瘠的山崖上,三角梅瀑布一样沿着峭壁开放,那样柔情蜜意地守护着冷硬的山崖。

这时候,我终于意识到了,为什么它被称为三角梅,是取其梅的精神、梅的灵魂。仿佛一个坚强的女子,坚韧不拔,不屈不挠地在最艰苦的环境里奉献最丰富的花样年华。

我查了一下关于三角梅的花语:"没有真爱是一种悲伤。"

突然发现,三角梅是不结果的,这样热烈爱着的花怎么可以没有果实?的确,就像很多最美的爱情都没有结局,不禁为三角梅感到悲哀,但三角梅并不在乎,她似乎不想每一次芬芳都有收获,只让春夏秋冬都成为花期,就像一位潇洒的女子,有爱无爱都活得精彩无比。

从朋友那里剪了几个三角梅的枝条,放在有水的玻璃瓶里,不久就长出了根,然后移栽到院子的木篱笆边,一两年的光景就洋洋洒洒地开出花来,有红的,黄的,雪白的。幼年的三角梅,态如杨柳,花若碧桃,花谢落地时也红颜不改。三角梅如此让人心醉,疏也美,密也美,凋零更美。花销魂,叶也销魂,纵是无爱也销魂。窗外,是正在开放的三角梅,低头是它,抬头也是它,闭上眼睛还是它,这些年来,不论是他乡或是异水,只要想起三角梅,心里就酸酸甜甜,不知是喜是悲。

每天望着这些三角梅,日久生情,由情而痴。只要与三角梅有关的任何信息,我都格外地在意。

终于有了一次去南美洲旅游的机会,我毫不犹豫地选择了巴西,因为那里是三角梅的故乡。

玫瑰的爱情

玫瑰是我的室友，英文名字是 rose，所以我们都叫她玫瑰。玫瑰三个月前刚从中国苏州来美，三十五岁，长得眉清目秀，身材苗条，玲珑有致，直直的黑发一直垂到腰部，一张性感的嘴唇花瓣一样柔润，黑色的大眼睛里有着闪烁不定的光芒。我们一套房子里共有五个房间，同住在一起的还有另外三个中年男性。自玫瑰来后，三个男人同时不安起来，想方设法向她献殷勤，但她一概不理，每天仰着高傲的脸，高跟鞋叮咚叮咚回响在枫木的地板上。但她对我却特别客气，每天在厨房里见面，她都礼貌地和我打招呼。有一天，她似乎心情很好，就和我谈起了天气。

她说："洛杉矶的天气怎么这样奇怪，每天都晴空万里的。"

我说："晴天不好吗，洛杉矶就是阳光之都啊。"

她说："我比较喜欢阴雨天，最好是不停地下着小雨，有一点风，云朵低低的，一伸手就能抓住，那种天气最让我着迷。"

我说："苏州是江南的烟雨之乡，你是想家了吧？"

"不是苏州，我说的是伦敦。"她笑着说，英国伦敦的天气才是真正的迷人，整天泪眼蒙眬的，很有诗意。她说她在那里有一个男朋友，叫吉姆，是个纯粹的英国人，去年旅游时在英国遇上的，因为他，她就滞留在英国，签证期过后，黑了下来，被遣返后就再也去不了英国了，所以才想办法来到美国，等将来拿到美国护照就可以再去英国了。

"什么时候才能拿到美国护照呀？"我问。

"顺利的情况下要五年吧。"

"五年，你能保证五年后他还爱你吗，或者你还爱他吗？"我很怀疑地问。

她迟疑了一下说："你不知道他有多帅，身材笔挺又矫健，经常穿着雪白的压花的白衬衣，外罩半大的深色短风衣，金黄的头发，眼睛海一样的深蓝。你知道泰晤士河吗？我们天天在泰晤士河边散步，泰晤士河就像梦一样美，天上的星、河岸的灯都在雾气中眨着眼睛，空气中总是隐隐飘来咖啡的香气、奶油蛋糕的香气，还有他的头发、手指间雪茄的香气。他拥着我在阴雨绵绵的伦敦街上漫步，把我的手塞进他温暖的衣袋里，时常转过头来看着我，深情地对我说，我做梦都想遇到像你这样的东方女子，温柔似水，甜蜜如糖，你是我今生今世的最爱，我会永远爱你，伴着这泰晤士河的水，陪着这河边的风，和你一起老去。然后，他随手一指天上的一块云说：'看，就那朵云，将来，我们一起随着那片云升到天堂里去'。"

"哇，太浪漫了！"我无比羡慕地说。

"你知道吗？"她说，"当大笨钟在夜色里回响，那意境好像回到我的家乡，我仿佛看到了枫桥的江枫渔火，我觉得我找到了灵魂的故乡，真想一辈子都不离开那里。"

她梦游似的继续说："你知道他有多绅士吗？为我穿外套，为我开车门，为我把菜捡到盘子里，早晨把热气腾腾的咖啡送到我的床头，每次分别都从头到脚吻我，你说他能不爱我吗？"

这诗情画意也太美了，是啊，我能说他不爱她吗。可是怎么完全看不到生活的影子？比如在哪里挣钱，在哪里安居？"既然这男人的工资除了供房子所剩无几，而你又只能在中国餐馆里打工，在英国这个等级森严的地方，你们的生活能暴露在光天化日之下吗？"我怀疑地说。

"我什么都能做，为了他，我可以付出一切，我还要求什么呢？难道这还不够吗？"

我不说话了，被她云里雾里地感动着。

有一天，我正在洗衣房洗衣服，她拉我到她房间去，从精致的盒子里拿出一件粉蓝条纹的保罗牌男士衬衣，又从另一只盒子里拿出一件藏青的羊毛马甲，她把马甲套在那一件衬衣上，在那衣服上无限深情地摸来摸去，把脸埋在衣服上，动情地说："我可以感觉到他的体温、他的心跳，快到圣诞节了，这是我买给他的礼物，他要是穿上这件衣服，不知道会有多帅！"她满脸洋溢着幸福的光芒。

我看她如此的痴迷，仿佛一个十六岁的小姑娘，很难相信她已经三十五岁了，而且还有一个十五岁的女儿，就说："你好像一个小姑娘，难道以前从来没爱过。"

可能是正在情绪中，我一说，她立刻抽泣起来，喃喃地说："我十九岁那一年，赶时髦打高尔夫球，在高尔夫球场，糊里糊涂地爱上了一个有妇之夫，着魔似的，拼着命地要跟人家结婚。这人当时在南京做生意，我就跟他在南京生活，他说过要跟我结婚，但他却一直没离婚，就在我和他的女儿临产前半个月，他因贪污敲诈罪进了监狱，判了十五年刑，他家不承认我生的女儿，我的父母也因此把我赶出了家门。"

她说着说着就号啕大哭起来："你知道这些年我带着这个不明不白的私生子吃了多少苦？男人，那些该死的男人都是王八蛋、短命鬼，像我这样一个拖着私生子的女人，没有体面的工作，没有稳定的收入，就算是年轻貌美，谁愿意和你真正结婚呢？男人多的是，香的臭的都会接近你，就只想和你玩一玩，一提结婚，都吓跑啦，一直到现在，女儿十五岁了，我还没有结过婚。"

她缓了一口气，继续哭道："但我趟过了男人河，我知道他们都是十足的缩头乌龟，都是些不负责任的混蛋。女人就是命苦，一次次受到残害的不仅是心灵，还有身体啊，更有那放不下丢不掉的孩子。"她越哭声音越大，我劝了她很久，她才平静下来。

在一个星期天的早晨，她突然敲响了我的门，满脸憔悴地告诉我："吉姆两个礼拜没有和我联系了，我该怎么办？"

"哦，能有什么事哪？"我分析着，"也许太忙忘了，家里有病人了？出车祸了？有新的女朋友了？"

"不可能，一个星期前还说要到美国看我呢。"

"你真的相信他会来？我听你告诉我这话已经三个月了，你这样苦苦相守也不是办法，要不我们试一试他的真假？"我说。

"你就说你生病了，快不久于人世了，看他如何反应。"

"我已经试过了，他说，宝贝实在抱歉，我母亲突然生病住院，快不行了，等母亲好了，我立即去看你。"玫瑰望着我说。

"那你就向他要钱。"我继续出馊主意。

"那指定不行，他会认为我是一个喜欢钱的人。"她连忙摆手。

我说："钱这东西是很俗气，但很真实，有时候是很好的试金石，你想，钱都是用血汗和生命换来的，带着血肉和爱的，舍得钱就是舍得爱，尤其是对他那样日子紧巴巴的小白领，很见效。"

"那要多少钱呢？"她问。

"多了他无能为力，不行；少了触不到痛痒，也不行，就要他一个月的全部工资，四千英镑。"

"太多了吧，没有了钱他怎么生活。"她痛苦地望着我。

"要么两千。"我又说。

"一千吧，别太苦了他，他也不容易。"

后来，玫瑰就发邮件告诉吉姆，说要交律师费，急需一千英镑，希望能解燃眉之急，实在没有，五百也行，不胜感谢。

不料，从此以后，吉姆就杳无音讯了，没想到玫瑰费尽周折，千回百转的爱情，事实证明不值五百英镑。半个月内，玫瑰瘦了十五磅，人一下子蔫了。

我闯了大祸，让人家丢了宝贵的爱情，很是内疚，就天天安慰她说："英国的事就忘了吧，旁观者清呀，他并不真的爱你，不值得你这样付出，幸亏你发现得早，要不然会更惨。好在你来了美国，美国是一个充满机会的国家，美国人不像英国人那样绅士，也没有英国男人那样的虚伪，更不像中国男人，挑女人像在菜市场挑青菜，个个都是捡嫩的来。美国人实在，对年龄也不挑剔，洛杉矶有大量的各种国籍的优秀男生，你一定会找到好归宿的。"我不断地安慰她，到底比她早两年来美国。

慢慢地，玫瑰复原了，毕竟是一个趟过男人河的女人，渐渐地有了笑容，对那三个男人的态度也好了。

有一天晚上，她兴奋地对我说："我今天去英语补习班了，老师讲课真幽默，不断地让你笑。你猜今天他说什么了，他说，在洛杉矶的中国女人个个都是大熊猫,只要是女的,只要还能喘气,就有人像宝贝一样拼命追求。"

这话虽然夸张些,但也是事实,中国女人出了名的勤劳能干又顾家。来美国闯荡的人本来就男多女少,一大部分中国女人为了身份都嫁给了美国籍的男人,一部分又嫁给了港澳台,还有日本、印度尼西亚、新加坡等东方后裔,物以稀为贵,剩下寥寥无几的东方女人,男人岂不挤破头地追。但是,追也好,抢也罢,各种原因所致,最后真正幸福的并不多。

不久,玫瑰又神气活现起来,她说:"美国真好,我又找回了做人的尊严,我决定在美国留下来,都说结婚是留下来的捷径,我要在三个月内搞定婚姻。"

"婚姻是玩笑吗?三个月搞定婚姻,养饲料鸡也要四个月呢。"我很担心地说。

"我不管,我要先解决主要矛盾,只要留在美国就行,其他的以后再说。我现在就开始量身定做,定好该找什么样的男人,我在国内是做衣服制版的,我懂。"玫瑰无比自信地说。

"如何量身定做?"我问。

"就是按照自己的要求,在网上和婚介中心广泛搜索。"

"你的条件是什么?"我问。

"很简单,第一有钱,第二要帅,第三人品要好。"

"怎么好事都让你得了。"我说。

"你不懂,这叫站得高望得远。"她看起来踌躇满志。

几天后,她告诉我,她找到了一个,这人叫马克,很帅,是意大利后裔,做保险业务,40岁,离婚,有两个女儿归女方抚养。

"这样的条件肯定不会有钱。"我说。

"我顾不了太多了,只要他答应与我结婚就行。"玫瑰急促地说。

"他答应了吗?"

"没有。"她小声说,"不行,老美太现实了,速度超快,一次见面,二次吃饭,三次上旅馆。"

"他同意结婚吗?"我焦急地问。

"就是一提结婚被吓跑了,看来这次失误,我选错料子了。再来吧。"

我说:"美国人都是这料子,他们离不起婚,所以特怕结婚,很多家庭儿女成群了还没结婚呢,美国的婚姻法是保护妇女儿童的,男人离婚后不但要给孩子抚养费,还要给老婆赡养费,每月的工资还没有到账就被取走了,这些离了婚的男人都负担沉重,不会轻易答应再结婚的。"我说。

"我再重新定做吧。"她充满信心地说,"这一次要找一个有钱,又没有负担的。"

"条件更高了。"我说。她自信地甩一甩长发说:"No problem

（没问题）。"

三个礼拜后，她把我拉到后园的橘子树下，悄悄地说："我又遇到了一个日本裔的，50岁，做建筑的，两个儿子都自立了，有三套房子，洛杉矶一套，圣地亚哥两套，硕士学位，很斯文的。"

我说："看起来靠谱，就是年龄大了一点。"

"年龄没关系的，有钱就好。"

"你确定他的房子与你有关系吗？"我问。

"那与谁有关系呢？"她说，"他儿子，都不去看他，圣诞节都不回家，电话也不打一个。"

我说："我在医院里看到很多美国老人，孤独地待在医院里，多少年一个看他们的人也没有，死后立即就会有亲属出现，继承所有财产。美国人的私有财产是神圣不可侵犯的，有时候，亲属虽然看起来不亲，财产的家族意识却很强。"

"如果我和他结婚了，不就可以继承了。"她说。

"很困难。"我说，"美国人注重个人权利，遗嘱怎么说，全按遗嘱办，遗嘱中没有你，一分你也拿不到，你能保证将来的遗嘱里有你的名字？都知道那鬼佬变脸比翻书还快。"

"不是说配偶有天然的继承权吗？"她问。

"是有，那是在没有遗嘱的时候，在他的财产没有转移给子女或别的信托公司的情况下，而且结婚时间在十年以上。"我继续说。

"十年里会有多少变故,你能把握?咱们中国人重情义,即使情不在了,至少还有义在,西方人情不在了,就什么也没有了,路人一样,在没有爱情的婚姻里捞钱,希望渺茫,你仔细想好了。"我说。

"是这样的。"玫瑰叹了一口气,显然有点失望,"其实财产不财产的不要紧,我现在最重要的是搞到结婚绿卡,我留美的期限快到了。"

"那他愿意和你结婚吗?"

"日本人有点像中国人,不像美国人那样直接。我问过他,他说将来可能,将来是什么时候呢?真急死人了。"玫瑰换了一个口气说。

又过了几天,她笑嘻嘻地告诉我,这个日本人很难对付,她决定要放过他,重新再来。

"下一次还怎样设计呢?"我好奇地问。

她说:"第一要有钱,第二要……"

"慢着,"我打断她,"你还是一如既往呀,钱钱钱。我讲一个故事提醒你一下吧。不久前,有个美国女孩,在网上发了一个帖子说:'我今年25岁,很美,不是一般的美,美得让人惊艳,我只想嫁给一个富人,年薪50万美元以上,可我就是遇不到,请告诉我怎样才能找到他们。'没有人理她,后来终于有人回她的帖子说：'我就是年薪50万美元以上的人，但我不会娶你，如果你现在的价值是年薪50万美元，往后每年你的价值都会下滑，10年后会急剧下滑，而我的资产会不断累积，不断上升，没有哪个傻瓜会接受这种愚蠢的交换，除非短期出租，如果你愿意短期出租的话，请联系我。最后奉劝你，最好是自己成为年薪50万美元的人比较稳妥。'"

玫瑰惊愕地望着我："你是在说我吗？"

"当然不是，你有她那样年轻吗？"我不客气地说。

玫瑰咬着牙说："苏菲，不要这样看我，你伤害了我的自尊心，我不相信没有人要我，美国有的是机会，我一定能找到我需要的人。"

接着，玫瑰不是那么和我亲近了，她依旧每天打扮得光鲜漂亮的出门，哼着她那最喜欢的歌曲《女人花》，不断地变换衣服，也不断翻新，一会儿洋装，一会儿旗袍，一会儿休闲服，各种我不认识的名贵品牌也上身了，我不得不另眼看待她了。门口接她的车辆也奔驰、宝马、法拉利地不断改变。终于有一天，一个帅气的男人来敲她的门，然后两人相拥着出了门，进入一辆崭新的我不认识的车里，一溜烟没影了。玫瑰更加漂亮，高跟鞋的叮咚声更加响亮。有一天，她在厨房里做三明治，做完后托在盘子里左看右看，把一颗鲜红的樱桃摆过来摆过去，拿不定主意，我注意到她的手腕上，一块崭新的劳力士表。她终于忍不住了,悄悄告诉我,她找到男朋友了,他叫史蒂夫,只有三十六岁,没有结过婚。家里后院有两口石油井,每天源源不断地喷油。这个英国裔的男人很像吉姆,比吉姆还要绅士。真是苍天有眼,看我这些年太苦了,让我遇到这么好的人。

我很为她高兴,觉得作为中国人脸上也有光了。母亲节期间,玫瑰消失了几天,回来之后就变了脸色,有一天深夜,我失眠起来看书,听到她幽幽的哭泣声,就敲了她的门,玫瑰开了门,不理我,继续趴在床上哭。

我就说:"有什么我可以帮忙的吗,我们毕竟都是中国人,背井离乡的,能帮的不会不帮,相信我就告诉我,别想不开。"

玫瑰拿一盒纸巾擦了鼻子和眼泪,幽幽地说:"不是我不愿意告诉你,是我怎么开口呀。"她又接着哭。

"是史蒂夫欺负你?"我小心地问

"史蒂夫不是坏人,可是他有病呀。"

"什么病,不能治吗?"

玫瑰为难了半天,还是告诉我了。

她说,有一天,她到史蒂夫家里去,史蒂夫很殷勤地做烧烤给她吃,还开了昂贵的人头马酒,吃完喝完后,史蒂夫从柜子里拿出一条精致的绳子和一条鞭子,让她把绳子套在他的脖子上,他趴在地上,像狗一样四只脚走路,让她用那鞭子抽打他。她以为他在开玩笑,后来发现天天如此。这还好接受一些,后来，他们真正在一起的时候，他在他的那上面套上几圈钢珠子，吓得她魂都散了，他是个变态狂，这是万万不能忍受的啦。

我什么也说不出来，只能劝她离开，结束这非人的日子。那天，玫瑰哭了整整一夜。

很快，玫瑰就搬走了，走时没有和我打招呼。两年后，我在ROSS商场见过她一次，那是一个廉价的打折店。这次她大不一样，仿佛变了一个人，身材明显发胖了，头发蓬蓬的，眉眼微微的浮肿，衣着随便。脸上一点妆也没化，牵着一条大狗。

再一次见她的时候是在一个超市。她手里正托着一盒鸡蛋向她自己的车走去，我的车正好停在她的车旁边，我立即和她打招呼，问她过得怎么样，爱情生活如何了？

她没有直接回答我，从盒子里拿出一只鸡蛋，对着太阳照了一照说："你看这个鸡蛋，里面是含着爱情的。"接着，她"啪"的一声，把鸡蛋在垃圾箱盖上打碎，扔进了垃圾桶里，说："你说这颗蛋还有爱情吗？"

我无语了。

以后再也没有见到她。

老人与栅栏

有一天早上,诊所很安静,没有病人进来。我坐在接待室内看一本有趣的书,看到会心处,用手当当地敲着椅子的扶手。突然觉得头上有一道影子,抬头一看,几乎吓了一跳——一张阴郁的老人的脸。这人,七十多岁,个子不高,瘦瘦的,典型的英国式的长条脸,两条深深的鼻唇沟一直拉到下巴两侧,浑浊的灰色眼睛正死死盯着我。

我立即感到不舒服,但还是礼貌地用美国人惯用的口气说:"早上好,先生,我能帮你做什么吗?"

他用哀哀的沙哑的声调说:"我的胳膊痛啊,痛死我了。"

我把他带到诊疗室内,检查他的肩周部,感觉到组织粘连,初步判断可能是肩韧带损伤。又问他的病史,他说看过西医,做过核磁共振,骨头、关节都没有问题。医生给过止痛片,但没有效果,便建议他找中国的针灸医师。

我觉得他只是软组织损伤,治愈不难,就说:"我可以帮助你,没问题,但针灸不是做手术,一次治疗不好,要治疗许多次。"

他一直追问要几次,我含糊地告诉他,大概需要十次。他在那里犹豫不决，喋喋不休地问东问西，没完没了。

我知道美国人对针灸有疑问是可以理解的，就很耐心地解释，打算免费为他试做一次，我知道这样做很愚蠢，真拿他没办法。考虑到他是第一次做针灸，年龄又大了，人又很难缠，加上用了艾灸，怕火烫伤他，就一直留在房间，尽可能和他聊天。

第一次治疗他大概很满意，第二次按约定的时间早早就到了，这次他的问题更多，还要亲自看一看针，看针上是不是放了药，反复问我针灸止痛的原理。我不想回答他，事实上也回答不了，这个问题中医理论本身都解答不清。我只好转移话题，聊一些他感兴趣的话题。

接着的第三次，我有事去市政府，四点钟才回到诊所。他老先生从上午十一点就来了，足足等了六个小时，任何人劝他明天再来都不行，午饭也不去吃，一定要等我回来。我真的很感动，就决定给他免费治疗一次，并且还送了二十分钟的按摩。他似乎很高兴，不停地说话，告诉我他有两个女儿，都工作了，一个在德州，一个在佛罗里达州，太太患肺癌几年前去世了，他年轻时是个牛仔，枪法很准，和电影里的那些神枪手一样，身怀绝技，还得过奥林匹克射击赛金奖。他说得两眼发光，两颊通红。

第四次来的时候，他像到自己家似的，一进门就不停地抱怨:"嗨,你们知道吗,我家邻居白蒂家太讨厌了,他家的狗经常跑到我家的院子里,他家的猫把屎拉在我家的草地上,他家的孩子把皮球扔到我家房顶上,有一次,还把一只柠檬直接扔到了我头上,太可恶了,害得我天天到他家去还皮球、棒球、乒乓球,真是太讨厌了!"

我安慰他:"你家若是安上栅栏,这些麻烦就都解决了。"

没想到,他突然勃然大怒:"要安也是他家安,是他们在骚扰我。"过了一会儿,他突然悲哀地告诉我:"他家真的要安栅栏了。"

下次来的时候,他的脸色更加阴沉了,不停地咒骂邻居家的栅栏。他说白蒂家的栅栏是塑料的,一点儿缝隙都没有,是他见过的世界上最难看、最糟糕的栅栏,上帝保佑,让他们家的栅栏遭雷劈吧。

再次来的时候,他兴高采烈起来,说白蒂家的栅栏竟然油漆成粉红色的。他观察过了,整条街、整个社区没有一家栅栏是粉红色的,这太不和谐,太影响环境美观了,市政府会拆掉他家的栅栏的,白蒂家的栅栏就要倒霉了。

以后他一来,同事都直接叫他栅栏先生,后来叫他栅栏老头,再后来是栅栏疯子。每次他来,说的除了栅栏,还是栅栏,这次他无限忧郁地告诉我:"白蒂家的栅栏实在是太高了,挡住了我的视线,我就要因此患忧郁症了,我决定要告邻居家的栅栏。"

终于，十次治疗结束，他的肩痛早就好了，我松了一口气，终于可以不为他的栅栏烦恼了。不料，他说："我还没有结束，你还欠我两次，你说过，第一次是免费的，第三次也是免费的。"

真奇怪，针灸不是享受，还有人赖着多扎针的。没办法，要讲信用，我就象征性地给他扎了几针，当然，他还是一刻不停地絮絮叨叨那倒霉的栅栏。

十二次满了，终于大功告成了。最后一次，他赖着不走，同事凯西一次又一次劝他离开，他就是不走，说要和苏菲道别，我只好出来和他告别。

他两眼红红地对我说："邻居家的栅栏上了锁，他家的狗也不认识我了，隔着栅栏对我叫呢……"

我忍耐地说："好了，忘记那个栅栏吧，好在你的肩痛好了，你会感觉好的。"

"我太感谢你了。"他说。

上帝保佑，他终于改变话题了，"我可以拥抱你一下吗？"他哀哀地说。

我正忙着，又怕他再搞什么名堂，就礼貌地拒绝："很高兴你终于康复了，再见。"

他又不折不挠地说："我可以握一下你的手吗？"

我两手都拿着东西，就笑了一笑，耸肩表示拒绝。

他焦急地在屋子里扫描，看到墙上一幅画，那是一个印度女子在跳舞的画,他指着画说:"那是你的照片吧?"

我说:"不是。"

他脸色突变,失望地嘟囔着:"怎么不是你呢,我一直都认为那是你的照片。"突然,他的眼睛盯着治疗床边的一双鞋,那是我托别人买的一双拖鞋,刚试穿了一下,没来得及收起来,他突然抱起那双鞋子说:"我可以买下这双鞋子吗?"

我实在没有时间和精力与他纠缠下去了,我见过许多这样孤独的老人,他们变着戏法不断骚扰你,我这里是诊所,我还有其他病人在等候治疗,就不客气地对他说:"不卖,这里是诊所,不是商店,你快走吧,我正忙呢。"

他无限哀怜地望着我,那眼神很像家里的那条沙皮狗。他坚持坐在候诊间不走,要多烦人有多烦人。我要崩溃了,真想报警,让警察把他带走。又想一想,他也很可怜,一个如此孤独的老人,但即便如此,也不能老是这样骚扰我们的工作,我也帮不了他。最后决定让辛迪的男朋友,一个高高大大的美国男人冒充警察,连哄带骗把他弄走。

他一边挣扎一边说:"我做错了什么?你们凭什么这样对我,你们都要安上栅栏,全世界都对我安上栅栏吗,为什么,为什么呀?"

老人凄厉地叫喊着离开了,我们互相对望着,担心着。

明天他还会再来吗?

石榴

　　石榴这种水果从来没有引起过我的注意，不是因为它没有美丽的外表，没有特别的香气，主要是因为吃起来麻烦。不像橘子、香蕉那样随时随地剥开就能吃，也不像生瓜梨枣洗一洗就可以入口了。苹果虽然有点麻烦，用小刀把皮削去就可以享受那香甜的果肉了。石榴真是麻烦，既不能用刀切开，也不能用牙齿咬破，摔也不是，打也不是，挤压也不是，勉强掰开来，不是皮破就是肉碎，汁液满手，一片狼藉。如果那汁液洒在衣服上，污血一样的颜色，很难洗掉。因此，我对石榴一直避而远之。

　　我虽然不爱吃石榴，但却爱那石榴树。小时候，家里有一棵石榴树，在院子前靠着篱笆墙，挨着一棵杏树，枝叶繁茂，每年都结出不少果实，从来等不到成熟就被我摘完了，味道又酸又涩，令人不堪回忆。但石榴树的美深深印在我心里，"山掩谁家绿树中，短墙半露石榴红"，五月里石榴花倚墙而开，比三月里的"红杏出墙"更有一番风流韵致。石榴那遒劲的枝干，有梅树的风姿，那柔软的枝条，细碎的叶片，有杨柳般的娇俏。尤其是那石榴花，花瓣薄如蝉翼，色如绫罗，形状层层叠叠，掖在自备的玛瑙般的花瓶里，花瓣千变万化，极富动感，像舞开的罗裙，"石榴裙"因此而得名。那掩映在绿叶里的石榴像上帝的宝瓶，流光溢彩。

我定居南加州后，家中的前院里就有一棵石榴树，这棵石榴树正赶上最好的年纪，每年都蓬勃地发芽、开花、结果。春天翠叶如眉，夏天榴花似火，秋天结出碗大的石榴，举一树灯笼。我从来不摘它们，任凭它们由青绿到火红，渐渐地变成青铜，再失色成千年古董的样子。

今年中秋节，我特意买了月饼、酒果，自己给自己放了假，邀请几个朋友一起喝酒赏月。我打了很多电话，傍晚时分，只有琳达一人到场。琳达是我在美国最好的朋友，今天她穿着一套浅绿的衣裙，更显得冰清玉洁。她到我家后，先是前前后后看过了我的花草树木和院里的蔬菜，然后惋惜地说，你有那么好的石榴不吃，简直是暴殄天物。说着就出去摘了几只石榴，放到茶几上的果盘里，然后拉开所有的窗帘说："你家的秋色真美，后院的小山坡简直是春色无限。"

我也看着山坡出神，这时，她把壁炉也点着了。

"你太夸张了，有那么冷吗？"我不解地说。

"毕竟是深秋了，秋色是美，凉意也很浓。其实这壁炉不是为了取暖，我想要一种气氛、一种温馨的气氛，你懂么？"

她一边说着，一边走进厨房，洗了手，挑了一把小小的尖

刀说:"八月十五吃石榴正好应景,你放音乐吧,我们开始吃石榴。"

"吃石榴还要音乐吗,谁规定的?"我说。

"我规定的,我每次吃石榴都要有音乐,而且要窃窃私语的那种音乐。"

我找了半天,不见《秋日私语》,就放了一盘《春江花月夜》。不料她说:"这《春江花月夜》是很美,但这种美像青春的忧郁,轻柔飘忽,载不动我这清秋的重愁。听来听去都像一个青春已逝的大龄女子和一个青春少年谈恋爱,美得不踏实。"

我又换了一曲说:既然你这样有品位,就让你听《阳春白雪》吧,她连连摆手,你别来烦我,什么"阳春白雪",我听着像一群大白鹅在水里乱扑腾。

我有点忍无可忍了,哭笑不得地说:"你太难缠了,还是那个尖酸刻薄让人又爱又气的林妹妹,可惜没有贾宝玉,你就永远做你的单身贵族吧。"我一边说,一边拿起一颗石榴砸向她,改放《高山流水》。她接过石榴,终于安静下来,随着音乐,把石榴在兰花般的掌心里转了几圈,用刀在石榴开花的那一端切去圆圆的一个薄片,又从那个切面用刀尖划出六个花刀,深度刚好到达皮下的黄膜层,然后用两手轻轻一掰,五片花瓣哗啦绽开,每一瓣都镶满鲜红的玛瑙玉粒。

我不得不惊叹石榴的美了,哪种水果有这样的富丽堂皇?

我连忙递给她一个纸盘子,她瞥了我一眼说,真没有品位,有没有好看一点儿的。我想了一下,找出一只白色水晶的高脚小碗,是今年夏天为了放玉兰花专门买的。她用染有蔻丹的纤手轻抹漫挑那些如珠似玉的石榴籽,叮叮咚咚地落在碗里,真的像"大珠小珠落玉盘"。她用白瓷的小勺子挖一勺石榴籽送进粉红的嘴里,然后露齿一笑,说一声:"好甜!"

我怔怔地看着她,不知为什么,那些"指如柔荑""皓腕凝雪""榴齿含香""吐气如兰"全都蹦了出来,我觉得石榴的美全被她吃出来了,被她这样吃,做了石榴也心甘情愿,分明她和石榴有同样的丹心,才如此惺惺相惜。

她一边吃石榴,一边轻言慢语地讲她那一次次掏心掏肺的痛苦往事,那样的漫不经心,那样的从容淡定,像是在说别人的故事。我正要夸她成熟、潇洒,她的语调突然急促起来:"你知道吗,苏菲,我喜欢炉火,喜欢下雨,喜欢天边低垂的云朵,我喜欢雾,喜欢青苔,喜欢空气中的油烟味,因为这一切都和英国有关,我忘不掉那个英国男人。"她的眼里充满了泪花,碗里殷红的石榴籽就像刚从她的眼里流出来。

自从她走后,我对石榴也产生了特别的情感,石榴的美也深深地打动了我。每天晚上,都借着灯光摘一颗石榴,像琳达那样细细剥开,一边吃,一边理着大大小小的心事,直到最后一颗石榴吃进肚里,我突然觉得若有所失。难道我与石榴也有一段尘缘？也许上辈子我是一位面壁的高僧，石榴是我胸前的一串念珠；也许我是佛前的一炷香，石榴是香案上供奉的果品，我们有过一段静静相对的日子。

明年石榴再来时，我们还能继续吗？

鬼节魅影

进入九月后,美国开始闹鬼,每个超市都开出关于鬼的专柜,做鬼灯的南瓜金灿灿一排排罗列着。更有专门卖鬼节用品的商店,鬼面南瓜、鬼骷髅、巫婆、各种鬼面具、吊死鬼、无头鬼、吸血鬼,个个青面獠牙,面目狰狞。家家户户开始用鬼装饰自家的庭院,各种各样的鬼或立在院子里或挂在树枝上、门檐下、篱笆上、树上,到处是鬼影绰绰。有的人家在院子里布上人造蜘蛛网,房顶上有骑着扫帚的巫婆,草地成了横尸遍野的战场。我的邻居就在院子的棕榈树下造了两个长形的坟墓,墓碑、花圈,都真真切切的。大街上的广告牌里,鬼成了主题内容。有的是戴着尖顶大黑帽,眼睛像灯泡的巫婆,有的是阴森森的骷髅,有的是充满血腥的车祸场面。刚开始,我觉得很不舒服,甚至有点儿恐惧,后来慢慢发现,这些恐怖的景象里有一种诙谐愉快的气氛,比如巫婆是微笑着的、鬼魅憨态可掬,这一天渐渐演变成一个欢乐的节日。

后来才知道,这是西方的一个重要节日,叫"万圣节",或"鬼节"。据说,这一天,死去的人会回到故地寻找活人以超生,活着的人就灭掉灯烛、炉火,让鬼找不到,打扮成恶鬼的样子,吓走他们，并且点亮南瓜灯，照亮他们回归的路。这期间逛商场，会看到千奇百怪的衣服，天使的、公主的、各种鬼怪、动物、植物、昆虫……极富创意。我一下子来了兴趣，挑来挑去选了一件海盗的衣服，还佩上一把血淋淋的宝剑，像孩子一样盼望这一天的到来。

这一天是孩子们最快乐的一天，这些想象中的妖魔鬼怪就由孩子们活生生地扮演了。他们穿着各种各样鬼怪的服装，提着南瓜灯，挨门逐户敲人家的门，喊着"trip or treat"，意思是好好招待我，不然就给你麻烦。当然，每家都把门打开，款待这些小鬼，给他们糖吃，孩子们接过糖，又接着去另一家。大人们有的带着小孩去挨家挨户要糖，有的聚集在约定的地方狂欢。

这一天，我早早地给自己放了假，全副武装起来，衣服一穿，心情立刻变了，怪不得演员一穿上戏服，就进入角色，我挥舞着带血的剑，见到人就砍他们一下，对方就笑着躲开。

听说这天好莱坞有同性恋大游行，我很感兴趣，曾在旧金山的同性恋区逛了大半天，没有看到一位真正的同性恋者，今天终于可以大饱眼福了，所以，天一黑就迫不及待地直奔好莱坞了。

平时在美国大街上，除了车流是很难看到人的，今天这些人不知道是从哪里冒出来的，黑压压的一片，数公里路上水泄不通，大多数都戴着面具，或穿着化装服，妖魔鬼怪、神仙、动物、植物、王子、公主、医生、学者、超人，或电影、小说中的人物、花朵、树木，还有的扮成房子、电脑，有的就随便捡一只包装箱或垃圾桶戴在头上。我还看到一个人穿着滑冰鞋，披着白色的被单，挖出两个黑眼洞在街上飘来飘去，很有鬼样。有的是一个团体，送葬的队伍，抬着棺木，披麻戴孝，哭声连天。有的表演残酷的战争场面，一阵激烈的枪战之后，（当然是假的，只是花炮）横尸数具，然后变成血淋淋的鬼，有的被烧得焦头烂额，面目全非。总之，每人的打扮都是独特的，极尽美国人善于创意的特点。

对我来说，最引人注目的是那些同性恋者，这一天，他们可以毫无忌讳，尽情地发泄。如果你看到身材高挑，步履轻盈，穿豪华礼服，或性感迷你裙，纤细的超高跟鞋，戴夸张的帽子的，这些一定是男性。我对同性恋者并无反感，因为我在整形科工作过，我知道大多数同性恋者患有性别错位症，有的是先天性的大脑支配错误或荷尔蒙分泌紊乱，有的是后天环境造成的。也就是说，他们虽然是男性，却认为自己是女的，他们的行为和思维方式都是女性的，他们的内心世界因而非常痛苦。

平时看到这些男扮女装、忸怩作态的同性恋者，觉得别扭。但是，在美国生长的年轻女性穿着实在是太粗糙了，清一色松松垮垮的牛仔裤，随随便便的T恤衫，走起路来大大咧咧，说起话来满口粗话。偶尔看到同性恋者刻意修饰的服装，反而觉得耳目一新。今天看到满大街盛装打扮的男人，举手投足中展现的那种女性的轻盈婀娜、千娇百媚，具有一种表演美、艺术美，就像在《霸王别姬》中张国荣扮演的虞姬，顾盼生情，风华绝代，把大美女巩俐比得黯然失色。又比如，梅兰芳在《贵妃醉酒》里，把杨贵妃的风情万种，妩媚无限，幽怨春情，寂寞情怀，由一个"醉"字表达得淋漓尽致。突然领悟到"美是一种升华"，就像把粮食变成酒，把颜色作成画。如果虞姬和贵妃由女人来演，无论多么柔情万种，都是平常，而男人每一举手投足，顾盼回眸，都是精心提炼过的艺术。比如音乐，本来都是来自自然的花落鸟鸣、流水风声，或情感世界的风云变幻，把它们变成和谐美妙的声音，代表着"一种有意味的形式"，再通过演奏家的妙手演奏，就变成震撼人心的音乐。比如《蒙娜丽莎》不就是一个女人微笑的画像吗，因为出自于大家之手，每一个线条、每一丝色彩都经过作者匠心独运，产生奇异的升华，变得着了魔一样。再比如，你随便捡拾几片秋天的枫叶，简单一拼，拼成金鱼的样子，把它贴在蓝色的背景上，随便放几丝水草，用镜框包装一下，挂在墙上，它就有了欣赏价值。那些原始的人类在闲暇时，在山洞里的随便的涂鸦，经过时间的沉淀后，就变成了不朽的艺术。

今晚，大家都是戴着面具或化了装的，心情和平时一定不同，街上放着狂野的音乐，临时搭起的台子上，舞者大多是同性恋者，他们流水一样在台子上狂舞，动作狂野、热烈、扭曲，恨不得把自己的身体化成水倾泻出去。试想那些摇滚歌者如杰克逊之所以流行，的确是很煽情的，大街上几乎所有的人都跟着他们的节奏晃动，大家都疯了。音乐、酒精、体育竞赛，真的能把人的灵魂从身体内揪出来。这一天是灵魂出窍的日子，只要不违法，什么都可以做。

今天之后，关于鬼的装饰都会从家家户户消失，换上圣诞节的装饰，圣诞节是关于神的节日，神又会把人们引向何处？

茶花

我爱花，爱各种各样的花，最爱的是芍药花，最勾我魂是蔷薇，这些天，茶花又占据了我全部的心神。

记得小时候，家乡流行种芍药，其目的是卖芍药的块根换钱。都知道芍药是一味著名的中药材，我的家乡产的芍药最是地道。童年的故乡，家家户户、门前屋后、篱边田埂，到处都是芍药的身影。芍药是多年生草本植物，地上的部分枝叶很稠密浓绿，那红花更显得娇艳欲滴。但是，农人为了让更多的营养汇到根部，常常把未开放的花蕾掐去，不让其开放，尤其是我母亲，做得最干净彻底，一枝不留，要想在不经意的地方发现一朵都很困难。我就哀求邻居大伯留下一棵两棵开花的，大伯也真的理解我的苦心，每年都为我留几棵。那是万绿丛中一点红的惊艳。家乡的暮春时节，经常下雨，我常常坐在窗前，整天看着花出神，那硕大的花朵，颤巍巍的绯红的花瓣，单薄柔软，在四月的和风细雨里舒卷开合，摇曳生姿。那种美深深地烙在我童年的心里。那种感觉，一生只有一次，就像初恋。

几年前，朋友要带我去看茶花，我对茶花没有什么印象，推托不去。他说茶花很美的，像是开在树上的芍药花，我立刻来了兴致，匆匆忙忙地去了。那里还有一个玫瑰园，就先看了玫瑰，没想到南加州的玫瑰是不分季节的，虽是冬末，也开得热热闹闹。看完玫瑰，再看茶花，觉得茶花像开在树上的玫瑰。

这茶花园在洛杉矶的格兰岱尔市，原是一个富有人家的后花园，有上百年历史了，上万株各类茶花树都有一人多高，茶花树枝叶稠密，叶子很厚，叶面有蜡样的光泽，花朵很大，美艳可比牡丹与玫瑰，娇艳的花朵在稠密的绿叶间或藏或露，确实有点芍药的风姿，颜色有红、粉、白、金和杂色。茶花是半喜阴的花卉，在树荫下才能生长良好，看着这长在老态龙钟的老橡树下面冷艳的茶花，有一种说不出的郁闷，这让我想起了小仲马的《茶花女》。不知是过了季节还是季节未到，花朵零星地散在枝叶间，地下已有一层干花，枝头也有未开的花蕾，样子有点狼狈，仿佛资深的美女，虽极力打扮着，美还是处处捉襟见肘。

第二年的新年，放假了无处可去，又突然想起了茶花，想着去年去晚了，今年就早点去。但这次又太早了点，茶花还没有真正开放，但枝头的花蕾已经布满了，像一个个镶金包银的宝石，与芍药的花蕾相比，别有一番风姿，如果说那风中的芍药花蕾是天真烂漫的村姑的红唇，生机勃勃，含笑凝香的，那么，这茶花的花蕾则是名媛贵妇纤纤玉指上宝石的微光。

2007年春搬家，忙了一天，一切收拾停当已是晚上了，我很兴奋，想了解一下新的环境，就趁着月色在小区里转了一转，顺便在游泳池边的一个长椅子上坐下，正盯着水里的月亮出神，突然啪的一声，一只毛茸茸的东西落在脖子上，我以为是一只小松鼠，但四下看看，没有动静，过了一会儿，又吧嗒一声掉在脚边，我拾起一看，是一朵花，我很惊奇，第一次听到花朵落下竟然掷地有声，不觉好奇起来，带着花回了房间。一看是一朵极美的红色花朵，茶碗一样大，有玫瑰一样的形状，但比玫瑰的花瓣更复杂、更稠密，像牡丹一样丰满艳丽，但比牡丹更稳重有形。我认出来了，这是茶花，她的花瓣极其有规则，又厚又重，有绸缎般的光泽，重重叠叠地覆瓦状排列，间距整齐，一丝不苟，落地之后，竟毫发无损，还正盛开着，而且是开得最美最艳的时刻，真不明白这花怎么会在这时候落下，很有杜十娘怒沉百宝箱的果敢。后来，这朵花在我的书桌上不吃不喝地鲜艳了好几天，我不得不对茶花刮目相看了，接着就迫不及待地重访了茶花。

故地重游，这一次来得正是时候，满园的姹紫嫣红。这一次，我发现茶花一般是不落瓣的，要么在盛开的时刻整朵坠地，要么枯萎之后仍抱香守枝，所以整株的茶花，树上树下都有残花，即使在开得最盛时，也让人有迟暮之感。茶花的花期很长，从冬初一直持续到春末，就像红颜已逝的女子，因为还没有找到归宿，不得不硬撑着。如果仔细看每一朵，都是极美艳的，那是一种经得起推敲的美，就像一个绝色女子，五官眼睛、鼻子、眉毛，都美到极致，一颦一笑都千娇百媚，每一个花瓣都极力地展开着，每一种颜色都尽量地鲜艳着，茶花像一个对镜梳妆的美人，正一笔一画地勾出最美的轮廓、最艳的色彩。

茶花有着极强的应变能力，我觉得茶花最大的美处是无私忘我，为了美宁愿失去自己，她极力地模仿着名花、名旦，有着牡丹的娇艳、玫瑰的高贵、荷花的纯洁、梅花的孤傲。听她们的名字就知道了：天骄、赛牡丹、绯爪芙蓉、荷花仙子……有一个品种很奇特，叫"抓破美人脸"，硕大的象牙白的花朵上几丝胭脂红，很像美人脸上被抓破的几缕红痕，楚楚可怜。

所以，茶花不看则罢，看了就令人难以忘怀，因为它能勾起你记忆深处的似曾相识的某种情怀或者爱恋，比如，爱荷花的人能看到荷花的美，爱芙蓉的可以看到芙蓉的神韵。像一个深爱着你的女子，极力做着让你喜欢的事情。她的美，她的努力，她的疲惫都一览无余。

再次看完茶花，忍不住落了泪。

因为懂得，所以爱惜。

马背闲情

从小我就对骑马有无限的向往。在电影里看到那些身材曼妙的女子，身穿特制的服装，在马上优美的姿态，很是羡慕。看着骑马的健儿英姿勃勃的身影，很是向往。尤其是那些美国西部牛仔在奔驰的烈马上上下翻飞，很是激动人心。幻想着自己有一天，也能在马背上奔驰。

记得自己曾有过两次骑马的经历。第一次是出于好奇，看到小镇上有人悠闲地在马背上踱步，看上去很潇洒，就请求借一借他的马骑，几个人把我扶上马背，马一跑，我立刻就魂飞魄散，惨叫着很快下马。第二次是在上海郊外的太阳岛上，马在围场里一路小跑，把我五脏六腑都颠了出来，我从上马到下马，一直哭着，尖叫着，很后悔。从此，对骑马完全失去了兴趣。

后来，在美国西部转悠的多了，有意无意购买了一些与马有关的纪念品，如马靴、骑马服、骑士帽、马鞭等，看着它们，又生出了骑马的念头，尤其是受西部文学的熏染，对牛仔的崇拜，完全忘记了以前骑马的不愉快的经历。这一次是在圣旦芭芭拉的海边马场，我下决心决一死战，无论遇到什么情况，决不下马。

　　这一次骑的是一匹温顺的枣红母马，是训练得极好的那种专为游客服务的马。缓慢得像一只骆驼，在围场里走了一圈后就上路了，这是一条设计好了的路。一会儿上坡，一会儿下坡，一会儿浅草，一会儿小溪，一会儿是安静的林间小径，一会儿是柔软的海滩沙地。在上坡的时候，马会压低前蹄，下坡的时候，马会压低后腿，尽量给你一个舒适的感觉，当走过重重障碍，到达高高的平坦的拦海坝上的时候，看到低于马蹄下的树林、草地、野花、小溪，马上神气起来。马在胯下温柔地踱着步子，带着体温，一起一伏，舒适得就像坐在自家的沙发上。前一天在海滩上走了太长的时间，两腿酸痛，举步困难，现在骑在马上，双腿不用劳累了，一下子觉得特别的轻松，心旌摇荡起来，像从极热的令人难以承受的地方，一下子进入了舒适的空调房，又像是冻得生痛的手脚突然接触到温暖的火盆，或者，饥渴难忍的时候突然喝到清清的泉水，刹那间，一股幸福感油然而生，温柔细碎，稍纵即逝。其实，生活里有很多这样的时刻，只是很少有人在意而已。

　　看着四周的树林、小溪，远处平静的大海，金黄的沙丘，拿起照相机不停地拍照，不知不觉丢了马缰绳，真的信马由缰起来了。这使我想起了牧童吹笛，牧童因为有牛背可骑，生出吹笛的闲情。马背也是产生诗情的地方。最著名的马背诗人就是曹操，流传千古的《蒿里行》《短歌行》《观沧海》，像"老骥伏枥，志在千里"，"行行日已远，人马同时饥"就是在马背上写的。还有辛弃疾、陆游，都喜欢在马背上写诗。马致远那首小令"枯藤、老树、昏鸦，古道、西风、瘦马"，不用说，一定是在马背上构思的。

在马背上纵横驰骋，很容易产生豪情。如果拿破仑和成吉思汗不能骑马，所能征服的地方一定小得多。骑在马上免去了你腿脚的劳顿，四肢解放了，思想就活跃起来。马能日行千里，世界在马上变得渺小起来，野心和豪情也就产生了。虽然现在发明了许多交通工具，如天上的飞机、地上的汽车、水里的船只，但也有其力所不能及的地方。比如，你在山坡上漫步、浅水里行走、原野上踏花、树林里猎鸟，或者在荒原上奔驰、在无人之境探险，会发现马是最好的代步工具，是你接近自然的最好选择，所以，在美国西部大峡谷观光，就有专门的训练有素的骡子队。闲暇的时候看着马儿在溪水里踏起浪花，在沙漠里卷起烟尘，马蹄踩在野花浅草里的阵阵幽香，心神也不由得荡漾起来。

我想，如果心态好的话，骑驴也是很好的，骑马固然潇洒，但马有时候会发脾气，无缘无故把你甩下来，驴一般不会这样做。我想我也喜欢骑驴，在陕北的黄土高原上，很多人以驴代步，无论是老年汉子或是姑娘媳妇，在驴背上晃晃悠悠，也很有情调。唐朝诗人李贺就喜欢骑驴，还有神仙张果老，倒骑毛驴。驴形体虽不如马矫健，但任劳任怨，张果老不在意驴的形态，我更不在意。就像开车，不一定要奔驰、宝马。作为代步，丰田、福特也很不错，只要性能好，旧一点也没关系。骑马也是，不一定要日行千里、追云逐月，没有机会驰骋疆场，若能闲庭信步也很不错。就像生活，你不能翻云覆雨、名扬四海，经营平平淡淡的日子，也是生活的本质。

我喜欢这悠闲踱步似的骑马，没有危险，没有目的，身心完全放松。这个时候，什么都可以想，什么都可以不想，像月色荷塘边的散步，像百无聊赖时的一杯下午茶、一段轻音乐。"偷得浮生半日闲，莫听穿林打叶声。"

真没想到，骑马把我带到了一种从未有过的境界。

第 2 篇

美西风情
MeiXiFengQing

南加之秋

西部桃花

华丽的流星

爱上荒原

天堂密码

世外桃源塞多纳

寂地

古堡奇缘

漫步拉斯维加斯

夕阳中的墓碑镇

南加之秋

我天生喜欢飘零之美，春天的落花、秋天的落叶、冬天的飞雪，都让我欣喜若狂。小时候的家里，院子里种满了花，我特爱紫薇花，一天摇无数遍，喜欢看它花落满地的样子。为此挨过家人很多骂。所以，我特别理解黛玉葬花的心情，很羡慕湘云醉卧芍药庵、花瓣满裙的样子。

来到洛杉矶一年多了，看了不少落花。洛杉矶地处亚热带，树木种类繁多，有很多高大的乔木，开着形形色色的花，落红满地的景象随处可见。春天里姹紫嫣红自然不必提及，夏天里满街道的紫薇绯红雪白，大片的紫色的蓝花楹稠密的花瓣洋洋洒洒整个夏天。秋天来时，又有金槐花、粉雾花接着抛金撒玉。但是就不见萧萧落叶，中秋节早就过了，秋天还是看不分明。我上班的一个小时车程的路上，仍然被那一成不变的棕榈树和灰扑扑永不落叶的橡树统治着，再加上温暖宜人的灿烂阳光，根本不知道秋天的来临。朋友告诉我，南加州的秋天是要去找的。这个周末，我真的开了一辆酒红色敞篷车，到处找秋了。

这里的秋天真是藏着的，藏在人烟稠密的市区，开车漫行，深入居民区，才渐渐地感到了秋天的脚步。但见一片碧绿丛中突然几树黄叶，或者一片金黄醉红中突然一片葱绿，加上乱花鸣禽，杂花生树，你真的分不清哪里是春，哪里是秋。到了树木最多的城市——圣马力诺市。这是一个安静的富人区，家家深宅大院，美树云集。这里秋景正浓，银杏树金黄如镀金，枫树酡红如醉酒，金钱树又红又黄又紫又绿，满树流霞，很多树我不知道名字，有一种树特美，树枝特别细，像最细的针脚绣出来的，秋草一样柔软，只是细细的枝条已经密不透风了，加上榆钱一样的细叶，红云绿雾一般，在微风里悠闲自在地轻抛着五彩缤纷的钱币。我停下车，放上一盘钢琴曲——《秋日私语》看落叶飘飘洒洒从枝头落下，叮叮咚咚敲打车窗，大的、小的、长的、圆的，有的声音刚健有力，有的柔细无声，有的盘旋回荡，余音袅袅，仿佛弹奏着一首钢琴曲——"落叶奏鸣曲"。我干脆把天窗洞开，银杏叶、红枫叶、金钱树的叶子，很快落满了头发，车厢里积了厚厚的一层，我埋首其中，立即觉得变成了富豪，一下子拥有大把的黄金、大片的宝石、大段的五彩缤纷的生活。

很少近距离接触树叶，不知道落叶也有气味，银杏叶香中带苦，槐树叶清香四溢，糖枫叶里真有蜜糖的味道。这里都是深宅大院，院子里种什么花，养什么树，香气就从那里飘出来，一窝一窝的。南加州很少有风，秋天尤其平静，这花香叶香都飘不远，和着新剪的草坪里青草的味道，清新而缥缈，感觉秋天真的是深深地停泊在这里了。我穿着最柔软的印度棉的拖地长裙，麻线编的露趾拖鞋，走在斑斓的落叶上，任凭柔软的落叶在脚踝间厮磨，我仿佛听到了它们的私语。"春风桃李花开日，秋雨梧桐叶落时"，在我看来，秋叶比落花更美，春花零落时很狼狈，让人伤感，再说，春花落后还有绿叶和果实。秋叶落后一无所有，而且明知道就要凋落了，还是把自己艳装起来，在最美的时刻凋零，那样静美，那样洒脱，那样气定神闲的，大富豪一样挥洒着用不完的金币银币，大手笔一样书写人生的图画，大智大慧的人一样拥有一切，却不带走任何东西。所以，落叶总拨动我生命里最美的那根琴弦。

沐浴在秋色里。继续开车到国家公园，本想会有更多的树叶，没想到这里却是一片葱茏，松树苍翠欲滴，杰克阮迪树枝叶正美，香樟树正举着浓荫，一派盛夏的景色。除了棕榈树、橡树，尤加利和胡椒是南加州最有代表性的树种，加州干旱少雨，整个夏天，赤日炎炎，滴雨不见，它们因为扎根深，得以存活。尤加利树有银白色的秀颀挺拔的树干，树枝也修长俊逸，叶子细长如柳，全都集中在顶端，枝间没有一片杂叶，远看枝叶分明，错落有致，真像风姿潇洒、举止有度的美男子，这时候刚刚换上新绿的叶子，去年的旧叶还有一些没有完全脱去，更增加了几分成熟的沧桑感。胡椒树极像柳树，但比柳树更柔软低垂、更枝繁叶茂，像一层层绿色的帏幔，在微风里波澜起伏，哪里有秋的味道，只有老橡树本来就老气横秋的样子，现在更加老成持重，细致的枝叶蒙上了一层灰色，恹恹地打着瞌睡。

我以为又回到了夏天，但池塘边的美人蕉已经迟暮了，垂下了头脸。太阳还是很有威力，但不像夏日那样火辣得不可接近，光线斜斜地射过来，明显温和了许多，却更加明澈，天空明静得像能看穿世间的一切。整个夏天一丝不见的云，现在也来凑热闹，常常团团片片、丝丝缕缕飘过来，也就那么几片挂在不高不低的天幕上，应景似的，为了让蓝天有几分牵挂。

一场秋雨过后，山坡上小草开始发芽，极为鲜嫩，显出"草色遥看近却无"的初春景象，蒲公英好像从来就分不清季节，又迷迷糊糊撑开黄色的小花朵。东北角有着大熊湖的山顶上，不知什么时候已经有了皑皑的积雪，使深蓝的天空平添了几分寒意，紫薇和紫叶李，转眼间叶子全脱光了，棕黑的树枝硬插在锦绣的秋色里，显得很不合时宜。

花照旧开着，菊花到了最美的季节，开得骄横跋扈，到处是它飞扬的身姿。玫瑰和扶桑已不像春天那样肆无忌惮，开得很有节制，自有一份矜持的美。一种叫作"粉雾"的高大乔木有着百合花一样的粉色花朵，正开得风风火火，给南加州明净的秋色点上迷离的粉雾。各种果实正赶上旺季，橘子、柠檬的金黄的果实，累累的几乎代替了绿叶；柿子红灯笼一样挂满枝头；石榴显现出最神秘的金属的铜红色；苹果酡红地压弯了枝头，仔细一看，最远的枝端还有梅红的碎花；柚子树淡黄的碗大的果实累累地向下垂着，但是，它的茉莉一样雪白的花朵也在奋力地开着；冬青树一面举着粉紫的小花，一面悄悄地抽着新芽。

我真的糊涂了，这到底是什么季节，四季怎么可以这样同时出现？一方面秋叶正潇洒地挥手作别，一方面春草却转身可见了；夏天还张狂不已着，冬天已在身边阴沉着脸。这里的秋天真是太多姿多彩了，哪里的秋天有这样气派？春夏秋冬和盘托出，随时随地都可以抛弃一切，随时随地又可以东山再起。

若人生也能这样安排，智慧和青春同时出现，爱情和财富合为一体，随时随地都可以让人生重新开始，这样的人生不就了无遗憾了吗？

西部桃花

洛杉矶是被沙漠和半沙漠包围的城市，西面靠海，往东是绵延数百里的沙漠或半沙漠，向南一直到墨西哥境内都是干燥的荒漠，往北是绵延的圣盖博山脉。周末或假期，我喜欢开车出城，总希望能看到田野牧场之类，但每次总是一无所获，除了连绵不断的城市，就是植被荒凉的秃山。所以，每当看到超市里堆积如山的蔬果食品，我不明白都是从哪里来的，总是担心突然有一天会断了来源。

洛城气候干燥，但温暖宜人，居民多爱种花，家家庭院内四季花开。加州阳光强烈，昼夜温差大，无论什么水果都分外甜，所以家家都在庭院里种果树，种的最多的是柠檬和橘子，它们四季都开花结果，无论什么季节，你都能看到花果同在，大大小小的果子四世同堂，花儿是紫白的丁香似的花瓣，有着茉莉花一样的香气，所以每家都种上一两株，观花赏果两相宜。其次是大叶的无花果、鳄梨果、枇杷果，这几种果树枝叶繁茂，可以撑开一片绿荫，在夏日里可以对抗加州强烈的阳光。再次就是石榴和柿子树，秋季里能看到橙红的柿子和殷红的石榴在枝丫间晃荡数月。亚裔的人家会在庭院中栽上枣树、杏树，取其谐音如早生贵子、幸福吉祥之意，但唯独不见桃树。

也许是桃花并不特别的美丽，而且凋零很快，功利的美国人是不会看中的。但桃花对于中国人却有着特别的情结，桃花自两千年前从《诗经》里款款走出来之后，在崔护的"人面桃花相映红"的诗句里风流了千年，在陶渊明桃花源的梦里婉转百结，它的香魂艳骨又经林妹妹的锦囊收留之后，桃花已经不再是本来的桃花，桃园也不再是那个桃园，桃花已成为流淌在我们民族灵魂深处的那一抹嫣红、一种美的律动，自此，中国人对桃花的眷恋根深蒂固。

每当在超市看到各种各样的桃子，就情不自禁地问起桃子的来处，工作人员常常一脸茫然。久之，我也就断了关于桃花的念头。

昨天看报纸，忽见一幅桃花的图片，下边几行小字说弗里斯诺的桃花开了，没有地址，也没有更多的描述，大概是排版人随便加上的，我如获至宝，立即在电脑上搜寻，弗里斯诺就在中加州。终于找到了确切的地址，很高兴。第二天起了大早，只为早点看到朝思暮想的桃花。

离开洛杉矶，沿着210公路转5号高速，向北便进入圣盖博山脉。加州南部的山脉实在无趣，没有青山，更没有绿水，光秃秃的，偶尔有一些半死不活的灌木趴在黄褐色的山坡上，几百里路，这样的风景真是单调，一点儿桃花的迹象也没有。

虽然有人说："欲看桃花者，必策蹇郊行，听其所至，如武陵人之偶入桃源，始能复有其乐。"我虽没有骑马，开车已经数百里，也算是有诚心了。

又行了数十里路，山终于有了一些变化，山体由崎岖变得平坦光滑，山坡上又有了绿意，是那种"草色遥看近却无"的绿意，薄绒毯一样，很是悦目，渐渐地，绿毯上出现了点点的金黄，这金黄渐渐超过了薄绿，完全占据了几面的山坡，我知道那是有名加州野罂粟花，正在欢呼雀跃，忽然山体向两边分开，渐渐开阔，山口前边出现了一望无际的平原，虽然还没有看到"芳草鲜美，落英缤纷"，但正如桃花源所记："土地平旷，屋舍俨然，有良田美池桑竹之属。阡陌纵横……"这里的确沃土千里、阡陌纵横，我终于不再担心洛杉矶城里食物的来源了。

美国西部的乡村很单调，不像中国人烟稠密，烟村绵延，也不像欧洲，一片片的庄园由开花的树篱笆隔成美丽的图案。美国的乡村是不设防的，农场与农场之间没有任何的标志，面积很大，农作物单一，常常有大片的荒地，因为土地多得是，房屋随意搭建，东一个、西一个，没有院墙，也没有树木的遮掩，荒草满地，美国资源丰富，废弃的农机没人回收，破烂的木屋没人拿去当柴烧，就胡乱堆在房子周围，看起来很颓废。如果有一两株桃李花树在这里，也有几分野味，应了桃花"竹篱茅舍自甘心"的秉性。但就是没有，一株也没看到。

车在这样的单调中又开了一百多里路，过了一大片废弃的葡萄园，黝黑的天际（葡萄藤还没有发芽）出现一道粉色，我想这一定是桃花源了，于是，加快了马力，直奔红粉处。终于，那片绯红越来越近，梦中的桃林到了。

正赶上桃花最美的时日，枝头繁花似锦，树下落英缤纷，蜜蜂、蝴蝶翩翩起舞，西部的桃花真的不一样，气势非凡，数千数万亩桃园连成一片，你进去之后，觉得整个世界都被桃花占领了，铺天盖地的桃花，在南加州温暖碧透的蓝天下遗世而独立，不见行人，不见车影，这真的是桃花源了。我们在阡陌纵横的桃花园里漫步，近看像刚落了一场绯红的雪，远看像漪散的云霞，朦胧了天地边界，这里上下左右全是桃花，这世界除了桃花，看来别无他物了。

看着栽得整整齐齐的桃树，修得整整齐齐的树枝，感到有些美中不足。桃花的美在于自然、率真，桃花应该开在幽静的山野、无人的河边、竹篱茅舍的农家院，或者隔水的洲岛上，就像美人西施，在水边浣纱时最美；玉环赏花，昭君抚琴，貂蝉对月，才是美中之美。正在瞎想，一处废弃的桃园就出现了。这里没有人修剪，树下杂草丛生，枝条恣意生长，花朵特别鲜艳。这里的桃花枝条有的窜出老高，直插碧天，有的花枝傍地，有的旁逸斜出，极尽俏丽。

桃花不是最美的，却是最动人的，她的美总是撩人心扉、扣人心弦的。桃花有红色的和白色的，白色的虽然雅致，红色的更美，其中绯红的最美，绯红是很有描述色彩的，红有上百种，诸如朱红、枣红、朱砂红，都是固定的，可以想象的，只有绯红难于捉摸，专指少女动情时两颊的红晕，这最妙不可言的红晕会让你怦然心动，所以，桃花的红是富于变化的，每一朵花的颜色，都是不一样的，深浅不一，浓淡不同，瞬息变化，恰如婴儿的笑脸、少女的香腮。桃花的花瓣极其单薄，半透明的，吹弹即破；极其娇嫩，呼口气就能化掉，最能挑起你心灵深处的怜爱之情。长长的颤巍巍的金色的花蕊像波光潋滟的明眸，古人曾说"胭脂鲜艳何相类，花之颜色人之媚"，看来这桃花也只能用人之媚来描述了。徜徉在花间，落花满头，柔软馨香的花瓣掠过耳畔，散落肩头，深情款款，恰如初恋情人温香的耳语。多情的桃花，总是与最初的春情纠缠不已。

胡兰成说："桃花难画，因为难画其静。"是的，"静"是桃花的灵魂，它的美是在乡野气息；静是发自内心的，桃花让你宁静，让你超脱，不求闻达，所以陶渊明的理想世界是桃花源。

桃花美在娇憨，你看她在枝头上千姿百态，或正或侧或俯或仰，或藏或露，每一姿态都风情万种，但一颦一笑都自然天成，绝无雕琢。开也自然，落也自然，乱红点点，落英缤纷指的都是桃花。"天下莫柔弱于水，而攻坚强者莫之能胜，天下莫凄美于桃花，而通达顺便者莫之能出。"桃花花期极短，不过三四天光景，然后纷纷飘落，铺一地红云，在最美的时刻突然转身，一缕香魂飘然而去，干净利落，风流洒脱。因其花瓣极轻，常顺水漂流，让痴迷她的人不禁扼腕叹息，愿意随一片花舟踱入梦中的桃花源。

当西天的最后一抹云霞散尽，我们才从桃园里披一肩花瓣，依依不舍地离开。今天的桃花，将一串串弹落在记忆的深处。

桃花之于我，是早年遗落于村庄的那一条红纱巾，犹如脚步凌乱的爱情路上那惊鸿一瞥的刻骨真情。如今，我不再追梦桃花源了，因为，我已经是那个避乱的秦人了。

华丽的流星

早晨六点钟,乘热气球在北加州广袤的葡萄园上空漂荡。这时,太阳刚刚露出第一道霞光,黝黑的山峦,辽阔的谷地,渐渐地揭开褐色的面纱,露出鲜绿的模样。绵延几百里清一色全是葡萄,修剪得整齐的葡萄架,有的直线,有的斜线,有的弧形。小山坡上是层层叠叠的梯田。在空中俯视,如精心描绘的锦绣,一种打动人心的人工美。晓风、薄雾、蓝天、白云,左边是青青的山峦,右边是水蓝的海域,中间的谷地是铺天盖地的葡萄园,在初升的太阳五彩的柔光里,美如仙境。清纱般的薄雾缭绕在山腰和湖边,早熟的葡萄在早晨清新的空气里散发着葡萄酒醉人的香气。据说全美百分之九十的葡萄酒产在这里,这秀气逼人的酒乡一定孕育着非凡的人物吧。大家都屏住呼吸,欣赏这惊人的美景,只听到照相机咔咔嚓嚓的快门声音。

这时,操作热气球的人突然用手向西一指说:"那边就是月亮谷,有一个杰克伦敦州立公园。"

"杰克伦敦?"我马上敏感起来,"是作家杰克·伦敦吗?"

"是的,他是作家。"那人回答。

"是写《荒野的呼唤》的杰克·伦敦吗?"因为美国人重名

的太多了，我有点儿不放心。

"没错，就是他。"这人有着红晕的脸和一双奕奕发光的眼睛，好奇地看着我。

杰克·伦敦是我少年时代迷上的作家，他的作品有着迷人的故事情节，取材于海洋生活，古老的部落故事、探险者、淘金人和动物世界……对我来说，那是一个陌生而新奇的世界，充满了狂野的生命力。比如《热爱生命》，写一个淘金归来被困荒岛上的人，如何战胜严寒、饥饿和伤痛，不屈不挠的，一次次创造生命的奇迹，表达了人性的坚忍顽强与生命的悲壮。《野性的呼唤》写一只狗被卖到极地拉雪橇，饥饿、寒冷，超耐力地劳作，不断地被鞭打、凌辱，以及同伴间的殊死搏斗。每到绝望之时，总能听到一种遥远的呼唤，最后，终于脱离了人类，投入了狼群。作者一定是受尽了人间的磨难，才能写出这野性的作品。他总是把人物置于极端的环境里，展示人性最深刻、最真实的品质。他有着火一样的性格，精力旺盛、气势逼人、慷慨热情、风流倜傥，但也打架、酗酒、赌博。总之，他是被苦难生活和内在追求压迫出来的伟大作家。

一时间，这平静的葡萄园在我的眼里，变成白浪滔天的大海、寂静寒冷的雪原、生死攸关的角斗场和残忍的动物世界。

杰克·伦敦是一个流浪的占星者的私生子，有着爱尔兰血统。母亲在他八个月时嫁给了已有十一个孩子的工人，他在居

天外的乡愁

无定所的贫困家庭中长大。他几岁就在海边捡拾海蛤，在树林里拾鸟蛋，是一个流浪在海边的小乞丐、游荡在旧金山沼泽地的偷蚝贼，一个彻底的处于社会底层的苦力，一个受尽苦难的水手、失败的淘金者、一无所有的冒险家。这个从会走路就会劳动的穷苦孩子，疯狂迷恋知识，如饥似渴地读书，奋斗不息，终于靠写作赢来了滚滚财富，然而，到达生命的顶端后却突然离世。这个谜一样的人深深地打动过我少年的心，他的代表作是《马丁伊登》，几乎是他本人的传记。可在当时，我并不知道他是美国人，更不知道他的家就在旧金山的郊外。今天，当我也开始了漫游的念头时，第一站竟到了他的家乡，我不喜欢海，不能像他那样驾一艘破船漫游世界，但我可以开一辆破车漫游我向往的地方，在开始的第一站和他不期而遇，实在是让我怦然心动，难道，这是一种神秘的召唤吗？

顺着那人手指的方向，我们穿过一片片的葡萄园，一丛丛的灌木林，一点标志也找不到，后来，又进入了崎岖的山地，终于到了月亮谷，问了所有见到的人，他们不是摇头就是随便一指，这个曾经威风凛凛地骑马下山，替所有的酒客付费的人怎么这么快就被人忘记了呢？

终于找到了，一个偌大的树林子，树身上满是青苔，只见寥寥的几个散步的游人。那个有着丰美的葡萄园，飘香的梅子树的"西尔"庄园（被烧的庄园的名字，又称"狼舍"）而今何在？那个有着万年红杉木、千洗红石头、铜制排水沟的"狼舍"在哪里？

顺着图标，我们找到了一座石头的房子，很小，显然不是那个有50个房间的"狼舍"，这完全用石头垒起来的房子，稍经加工的灰黑的石头，原始得像是最初人类搭建的住所，共有六七个房间，里面陈列着杰克·伦敦全部作品，他的"斯那克号"游船及狼舍的复原图，他漫游南太平洋时期的照片，一些航海的工具、衣物，一张九岁时与一只狼狗的照片，在显眼的位置摆放着他的病历，当天的报纸清楚地写着他死于尿毒症，这与我以往所知大相径庭。

建馆人是他的遗孀，显然不希望他死于自杀。他死时年仅40岁。一个与命运搏斗了一生，在作品里战天斗地的勇士，激励了那么多人战胜命运，热爱生命的人，真的不应该自杀。

可是，看到橱窗里的医生诊断书，和当天的报纸证明他死于尿毒症，我不能接受，一直嘟囔着："这不可能，不可能。"我真的不敢相信这是事实，因为中国的资料都记载他死于自杀，我一时转不过弯来，而且我真的希望他是自杀，因为在那个时候，他的庄园被焚、树苗全死，他的牲畜猪、马、牛、羊都染上了瘟疫，与妻子感情不和，身体也忍受着病痛的折磨，最重要的是，再也写不出好的作品，成为一个就要被"生命的法则"淘汰的人，作为一个宁做"华丽的流星"，也不愿作惨淡的恒星的人，自杀是恰当的结束生命的方式，像张国荣"优美的飘零"，陈天华悲愤地蹈海，诗人海子借着绵延的铁轨完成他的登天之梦……

作为医生，我知道平常人很难理解精神错乱的病人的内心世界，那是一个迷乱的世界，生死混淆，人格解体，世界观分裂，生存成为一种无目的的痛，死反而是一种诱惑和解脱。

对于艺人，我们也不要拿庸人的眼光去评价他们的生死，伟大的艺术家，那也是另类的。他们燃烧了自己，创造了人类灿烂的文化。他们是为艺术之酒而沉醉，仿佛被上帝抚摸过额头，赋予过使命似的，在人间发现美、创造美，然后飘然而去。

我觉得我可以理解你。

安息吧，杰克·伦敦。

爱上荒原

如果你生长在海边,你会不由自主地爱上海;如果你生长在山区,你也会不知不觉地爱上山。我生长在远离山与海的大平原上,却对高山大海无限地向往。后来,游历了名山大川,又漂洋过海之后,却发现自己其实爱的是原野,爱那天地交界处的地平线。生活在南加州时间长了,渐渐爱上了周围的沙漠和那褐色的荒山。沙漠的那种雄浑壮阔,那种没有鸟叫,没有虫鸣,没有任何打扰的宁静,那种波涛汹涌如海又沉默是金的胸怀。"大漠孤烟直,长河落日圆",只有在沙漠,才能感觉到那意境。"蒸沙烁石燃房云,沸浪炎波煎汉月",这种油煎火烤的感觉,只有亲历夏日的沙漠,才能体会到。

从洛杉矶开车往东去,不出一小时,就会遇上沙漠。周末心情轻松,开上车便停不下来,沿着15号高速往东,绿色葱茏的城市渐渐断续成一片片、一点点,一个小时后,沙漠就扑进眼帘了。说是沙漠,其实并不确切,因为没有起伏的沙丘,也不是乱石遍布的戈壁,只是干燥的荒原,零星散布着一尺多高的小灌木。这些灌木好像几百年前就生长在那里了,不见大,也不见小,一簇一簇的,每一棵之间的距离很远,个个都灰头土脸的，灰不灰，绿不绿，不屈不挠而又听天由命的样子，很不美观，真像秃子头上长满了脓包疮。但是，如果你心情好的时候，细心观察，这些植物又非常可爱，它的形状是圆圆的，叶子细小，又圆又厚的，饱含水分，表面有蜡样光泽，像是用丝绒绣出来的，颜色绿中有蓝，蓝中有黄，黄中有紫，再看底部金黄的土壤上长着细小的野草，这些小草一年四季都是枯黄的，趴在地上，发出金色的光泽，在明净的蓝天下，在远处紫色的山光映衬里，像是一匹色彩雅致的织锦缎——法国时装最喜欢用的那种色调。车轮开过，就像压在这无边无际的绸缎上，开着靓车在荒原上奔驰，觉得自己像一个视察疆土的帝王。

越往东，灌木越少，越小，最后到了完全的不毛之地，不毛之地的中心，就是著名的拉斯维加斯，千里荒野中的这流金溢彩的游乐场总给人不真实的感觉，像是海市蜃楼。我不喜欢这种感觉，和它擦身而过，继续往东。

天色渐晚，彤云密布，远山、旷野、沙漠、长云，在即将沉没的红日的映衬下，苍凉壮美。你会情不自禁地想起那些头戴宽边帽，脚蹬马靴，斜挎手枪和匕首的西部牛仔。他们矫健的身姿，在牛群蹚起的滚滚烟尘中，策马扬鞭，纵横驰骋，如果没有这荒原的背景，他们的形象会大打折扣。他们风餐露宿，时刻都充满着危险，随时会遇到野兽和盗贼的袭击。荒原、沙漠是他们的床，峡谷、巨川是他们的家。晚上点燃篝火，想起心爱的姑娘，唱着忧伤的歌。西部电影的确给这片土地一种苍美、一份浪漫。的确，我爱上荒原大半是受这西部文学的诱惑。在这样的环境中时间长了，心胸开阔。旷野、落日、大河、巨川，让你产生气吞山河、君临天下的豪情。我下了车，抓了一把焦干的土壤，一股热风盘旋而过，立刻卷走我手上的土壤，站在旷野就像站在火炉。我立刻佩服那些拓荒者，他们不仅要忍受这酷热干旱、辛苦的劳动，还要忍受蚊虫的叮咬、毒蛇猛兽的袭击，缺医少药、食物短缺，还有印第安人和小偷强盗的围追堵截。是这荒原的巨大诱惑让他们义无反顾，出生入死，不停地西进、西进。

　　进入亚利桑那州不久，灌木变得越来越大，有了齐膝的高度，草渐渐地有了绿意，心也渐渐滋润起来，各种奇怪的想法也冒了出来。看看这千里原野，荒无人烟，无人过问，就产生了拥有的念头。这里气候温暖，土地肥沃，可惜没有水。不知谁唱过一首歌："看到沙漠就想到水，想到爱情就想到你。"真是的，我这一路想的全是水，如果这里有水，就可以有万顷粮田、美丽的城市。如果我找到了水，我就可以富可敌国。但是，哪里有水呢？打井，这里年降水量极少，地下水位不足；从别处调水，没有就近的河流；淡化海水，没有能源；利用太阳能、风力、核电站，可是那需要很多钱安装设备；甚至连把山加高，接天上的雪水这一疯狂的念头都有了。同伴老美看我想水想疯了，笑着说："你应该早生一百多年，那时候，在这里花10美元就能开垦160英亩地，种上5年就成自己的了。"

"哇，太便宜了，160英亩，10美元！"我惊讶地说。

"没那么便宜，你要劳动得很辛苦，还要忍受孤独、疾病、生活材料的极度缺乏，而且，那些坏人会随时杀死你的家人，抢走你的牛羊，烧掉你的房子。"

"哪些坏人呐？"我好奇地问。

"印第安人，还有墨西哥人，你看过西部电影吗，那些印第安人神出鬼没的。"老美的眼睛里满是愤怒。

"啊，是印第安人呀。"我突然感觉不对，我说："明明是那些贪婪的美国人杀害印第安人，烧毁他们的家园，抢走他们的土地，谁才是坏人？"

"美国人并没有杀掉很多印第安人，是他们自己部落之间互相杀掳，是瘟疫让他们死了很多人，再说，印第安人有自己的土地，他们也有自制权。"老美申辩道。

"天哪，睁开眼睛看一看那些属于印第安人的领地，内华达、亚利桑那、新墨西哥，全是不毛之地，那些靠自然生存的印第安人可怎么活呀？请问，还有哪些属于印第安人的领地？"我追问。

"还有，比这里更荒凉。"老美无话可说，狡黠地一笑。

我转念一想，我这一路上一直为印第安人消失而惋惜，一心想着把沙漠变成良田，为什么要这么做，沙漠应该有沙漠的生存价值，沙漠变成了良田，沙漠就失去了生命，在这个地球上，谁应该生存，印第安人是最尊重自然的民族，却遭到灭顶之灾。人是什么，在人类没有产生以前，地球已经存在多少亿年了，这个世界谁主沉浮？

荒原，我爱上你难道是一种错误？这个世界是需要荒凉，还是需要花团锦簇？

天堂密码

一进入犹他,天地渐渐变了颜色,山峦、道路变成了赭红色,山不再是自然的样子。仿佛是谁特意雕刻过的。我一次又一次想下车,想去抚摸那些岩石。漫山遍野每一块石头的形状都古怪精灵,好像每一块石头都藏着故事。我不相信那是自然形成的。同伴告诉我,别着急,有你看的。果然,那些酷似城堡、宫殿的山体到处都是,比英国、爱尔兰乡间的城堡壮观多了,它们是借着山水之势的,像西藏的布达拉宫,但布达拉宫只有一座,哪里有这里连绵不断、一泻千里的气势。

这是一个景色如画的地方。一望无际的红土地也许是贫瘠的,但那灿若丹霞的色彩,蓝得出奇的天空,与随处可见的造型奇特的石柱,照相机无论怎样拍都是绝美的风景。这里巧夺天工的天然拱桥,原始荒凉的高山深谷,一马平川的荒寂盐滩都是气韵生动的壮美图画。这里有卫星和火箭的发射基地,日本广岛的原子弹就是从这里发射的,火星人生活模拟基地也建在这沙漠的中部,也许有一天,地球遭难,地球人类的诺亚方舟就从这里起航。也许这里奇奇怪怪的石头真的是某种奇特的语言,诉说着天堂的秘密。

傍晚，我们到了南部的城市——圣乔治。金黄的晚霞给这如画的景色上又镀上一层金粉，所有的奇山怪石更加神秘肃穆起来。我逛了一下镇上的小店，出售的多是与牛仔有关的纪念品。其次就是石头，最多的是木变石，纹理很像木头，我不知道这属于哪一级别，算不算宝石，在我看来，每一块都温润光泽，玲珑剔透，与那些价值连城的宝石没有什么区别，我也不想区别它们，因为每一块石头都是形成在亿万年前，述说着亿万年间宇宙的密码，短暂的人类社会对于它们来说几乎可以忽略不计。我精心挑选了几块石头，放在内衣的口袋里。有一首歌唱道："有一个美丽的传说，精美的石头会唱歌……"我希望有一天某一块石头真的开口歌唱。

我不停地在翻捡那些石头，一个德国小男孩，五六岁的样子，一直跟在我后面，我每挑一块石头，他就拿过来看一看，好奇地问："你为什么挑这一个？"

我哄他说："我看哪一块会说话。"

不料，他说："我告诉你哪一块会说话。"他拿起一块乳白色的石头说，"这一块，你晚上睡觉时把它放在枕头下，它会在梦中和你说话，真的。"他从口袋里掏出一卷钱，又脏又破，"你看，这钱就是牙仙送给我的，我的牙掉了一颗，我把它放在枕头下，说，牙仙姐姐，把我这颗牙换成钱吧，你看，这就是那颗牙换的。"小男孩用无比肯定的语气告诉我。

我望着满脸真诚的小男孩和满屋子闪闪发光好像眨着眼睛的石头，不知道该说什么。我悄悄地走出门去，想欣赏一下夜景，但是小镇灯火稀疏，那些酷似人形的山石，在黑夜里影影绰绰像到处走动似的，我有点儿害怕，躲回了旅馆，不敢再出去。

第二天早上9点多，我们就出发了，正赶上大雨，雨幕中的山野更加神秘，这雨仿佛故意让我们与尘世隔离。到了布赖斯峡谷，雨突然停了。这里有17英里的观光车道，海拔九千多尺，空气清新，宁静得像在隔音室里，天蓝得像要融化的宝石，山橙红如霞，点缀在上面的松树绿得快要流动起来，这的确不似人间。据说在这里，夜晚可以看到7500颗星星，平常只看到2500颗。17英里的观光线，是由风、水、冰川浸蚀的天然石窟组成。

沿途一条车道，由北向南，数个观光点像串起来的宝石项链，记住名字的有如日出点、日落点、灵感点……日落点最有气势，几公里大的峡谷坑，上上下下，满坑满谷，列满了雕塑。这里每天有数以千计的人前来参观，数不清的人进行了描述，但我还是情不自禁地想讲述我的感受。作为中国人，很容易想到"兵马俑"，但这里有兵马俑不能比拟的壮观，兵马俑是平面的，这里是立面的、高低错落的，气势恢宏，而且满坑满谷，一望无际。西方人会想到"罗马广场""奥林匹克运动场"，那里固然人很多，但都是整齐地坐着，这里是姿态万千，有坐有站，有的跪，有的相互拥抱。灵感点更是千姿百态，你想是什么就是什么，诸如神女峰、望夫崖、八仙过海、天女散花、身披盔甲的武士、虔诚祈祷的神父、衣衫褴褛的乞丐、神采奕奕的演说家、表情木讷的平民，还有美少女、丑八怪……太惟妙惟肖，仿佛一点就活。在这里，我不敢高声说话，生怕一不小心被神灵听到。

印第安人有一个传说，认为这些奇形怪状的岩石，原来是一个神奇的部落，因为得罪了神灵被变成石柱，果真如此，这个部落也太强大了，人口也如此众多。

其实，这是亿万年来宇宙的语言密码，是不同年代的岩石裸露风化的结果，因不同年代的岩石，硬度不一样，颜色不一样，风化的速度不一样，才有了这千奇百怪的造型。

不管地质学家、人类学家如何板着面孔告诉我们那些枯燥的知识，我宁愿相信是神创造了宇宙，这样灵魂就有了归宿，就像那个德国孩子，像那些天真烂漫的印第安人。

世外桃源塞多纳

美国西部的荒凉之州，除了内华达州，就数亚利桑那州了，内华达的荒凉被拉斯维加斯的喧哗罩住了，去了拉斯维加斯便忽略了内华达本是一片不毛之地。亚利桑那州也只有凤凰城和图桑具有真正城市的规模。桑州百分之七十被沙漠覆盖，沿途风景就是连绵不断的荒山和焦枯的谷地，零星的低矮的灰褐色的小灌木，还有一些红岩的断崖和干燥的峡谷，这是典型的美国西部风光。如果你西部片看多了，会情不自禁在这一画面上加一个牛仔，他们脚蹬马靴，身佩双枪，在滚滚的牛群扬起的烟尘里驰骋。现在牛仔已远去，高速公路上如水的车流仍无法改变这里的荒凉。

这里的村镇一定是在大山的脚下，或河流的两岸，高山可接天上的雪水，河流可以灌溉两岸的土地，可惜这里雄伟到积雪的山不多，河流也只有一条，即科罗拉多河，所以村镇难得见到。远远看到山脚下稀疏的褐色的灌木里有几点白色的仿佛碎瓷片似的房子，那一定就是一个村庄了。有的是在相对低洼的地方出现数棵葱郁的橡树或小叶白杨树，散落的民居掩映其中，像一幅写意的中国画，让人的精神为之一振。

这样开了数百公里，景色不变。穿过凤凰城再两个小时之后，随着海拔的加高，灌木渐渐变大，色泽变绿，松树和橡树出现了，遍布成林。过了一个山口，突然一片艳丽的红色的世界，这就是塞多纳——一个几乎与世隔绝的地方。

正赶上秋天最美的季节，小城被绚丽的秋叶装饰着，尤其是橡树溪的枫树林像一条彩练围绕在小城的脚边，周围是灿若丹霞的红色山峦，点缀着碧绿的松树，头顶是碧蓝的天，谷地层林尽染。城市的屋顶与山岩一色的丹红或淡粉掩映在斑斓的秋叶里，阳光像透明的金丝绒一样铺洒在这座高原小城，这时，我的第一个印象就是：这里是一个"世外桃源"。

这里的确是一个世外桃源，海拔四千多尺，周围茫茫的几百里是渺无人烟的荒漠，单单这里，溪流潺潺，鸟语花香。夏天里，附近州府凤凰城高温四十多摄氏度，而这里是怡人的三十度左右，春日里花团锦簇，草长莺飞，谷地里牛羊成群，秋日碧云天，丹霞地，万木吐艳。冬天周围的山峰上白雪皑皑，谷地里却是阳光融融，温暖如春。橡树溪里的确有一片桃园和苹果园。这里真称得上是风景如画，无论你从哪一个角度看，都是一幅构图生动的画，形态奇特的红石山、碧蓝的天、彩色的树和高低错落、造型别致的小房子，如果你能借景到绿茵的高尔夫球场，波平如镜的湖水或奇松怪石、野花鸣禽，每一个镜头都美妙绝伦，所以有人说"上帝创造了大峡谷，但是却住在塞多纳。"因为风景优美,地形多样,塞多纳成了拍电影的好地方,据统计,有五十多部经典西部片是在这里拍摄的。

小镇方圆五十里左右,人口不足两万,到处是裸山、峡谷、奇石、怪松,让人一看惊奇,再看痴迷,每天来这里的游客有上万人。来这里的要么是大自然的朝圣者,大城市的逃避者;要么是放浪形骸的艺术家,户外运动的爱好者,退休人士,或末代"牛仔"。总之,都是闲人。一条曲曲折折的依山而筑的街道上,临街的门面,每一间都造型各异,但都是一色的单层、一色的红石头的墙,古拙、原始,有印第安人的遗风。卖的也多是印第安人的手工艺品,色彩鲜艳原始,线条复杂流畅。来这里的人和住在这里的人一样的悠闲,车不拥挤,人流也稀疏,个个气定神闲,大部分游客都是漫无目的随着别人一个店接一个店的瞎逛,看的多买的少,店主也不招呼你,想看多久就看多久,红色的阶梯上有傻傻的坐着的人,有的望着天,有的望着山,有的目光茫然,有过时的牛仔穿着带马刺的靴子嗒嗒地敲击着红石地,腰上一圈子弹发出金黄的光泽,可惜没有骑马,你也可以见到头戴礼帽,身穿燕尾服的怀旧者,长头发的艺人目光贼一样敏锐。

这个城市只有六十年的历史。六十年前,两兄弟发现这里水源充足,气候怡人,就在这里建起了牧场和农场,后来申请城市时,就用一个人妻子的名字作为城市名。所谓的博物馆,放了几件六十年前家居生活的家具和服饰,没有历史,没有文化遗迹,让人觉得轻松。

这里,据说是世界上能量最强的地方。所以,有一种生意特别兴隆,那就是看手相、算塔罗牌的,看手相的也是正经生意,都有营业执照,并且是这里的一个特色。我找了三家店都忙着,最后终于在一个街角找到一个,这是一个五十岁上下的白人妇女,看不出国籍,让西方人看手相还是第一次。她煞有介事地让我入静两分钟,并默许两个愿后,便开始滔滔不绝地讲起来。前几句很具魄力,几乎镇住了我,她说我有自己的生意,但总是心不在焉,老想着别的事情。她说,你想的这件事情一两年后才能着手去做,自然,会有人帮你。而你目前的生意却谁也帮不上。她语气肯定,两眼紧盯着我,我不由自主跟着她连连说是。她还说我有一个儿子,现在与我相距很远,六个月后必然团聚,后来果然应验了。

离开城区,来到橡树溪,在枫树林里的小溪边,我坐在柔软的秋千架上,看火红的或金黄的枫叶在碧青光滑的卵石上跳跃,这里有许多休闲娱乐活动,如骑马、猎鸟、钓鱼、登山、野营、乘热气球、打高尔夫……

因为时间有限,什么也做不成,眼看着天就黑下来了,我盯着夕阳里的红色山岩出神,我认定了这就是我梦中的桃花源、一个红石头的桃花源。

第二天一早就离开了,但我的心却再也无法离开这里了。

寂地

在我的印象中，公园总是怡人的地方，湖光山色、鸟语花香，是供人们休闲放松、谈情说爱的地方，但在美国，公园不全是这个概念，比如著名的大峡谷国家公园就只是一个荒凉的地裂缝，红石公园只是自然的红色岩石，森林公园除了树还是树。上周末去了死亡谷国家公园，竟然是一个不毛之地。大得惊人，面积达1400多平方公里。这里，夏季酷热，最高气温达50摄氏度以上，持续六个多月。降水量极少，水的含盐量是海水的4倍，只有荒山焦谷和白花花的盐碱地，是地球上最不适合人类居住的地方之一。然而，像这样的地方竟然被称为公园。

我们开车在死亡谷的中部疾驶，一路上穷山恶水，沙丘、戈壁，几处废弃了的矿井，歪歪斜斜的简易小木屋破窗烂瓦，成为无人居住的鬼镇。当年有一些淘金者企图抄近路从这里经过，大部分都葬身此地，只有极少幸存者通过后回头说："Good bye, death valley."意思是："再见吧，死亡谷。"死亡谷就是这样得名的。

死亡谷这个名字早就听说了，小时侯读过一套丛书《世界未解之迷》，两次提到死亡谷，一次说这里的水人喝了会死，但对动物却不然；又有一次说，在死亡谷里有一种石头自己会走路。真是奇怪了，没有想到，死亡谷就在加州境内，于是，这个周末就迫不及待地去了。

我们来到这里是在秋天，因为夏天这里的酷热是无法忍受的。我们从洛杉矶出发，沿15号公路往东，开到190号公路往北，总共三个半小时的路程。进入谷地，只见满眼触目惊心的荒凉，一望无际，全是黄褐色的荒山焦土，山是全裸的，寸草不生，面目狰狞，地上满是干燥的沙滩乱石，零星地散布着低矮的灌木，当地人叫mesiktal，意思就是一种沙漠小灌木，细小的米粒大的叶子大半都是枯萎的，就像火燎过似的。还有一种"滚球草"，几乎全部干枯了。看不到任何动物和飞禽，下车查看了半天，生灵全无，甚至连苍蝇蚂蚁也看不到。

这样的景色在干燥的南加州不难看到，但像这样真正死寂的却是第一次看到。山上没有任何植被，裸露的岩石因为自然的侵蚀成为奇奇怪怪的形状，看起来张牙舞爪，如恶魔，像怪兽，颜色枯黄像烧透了的老窑，焦黑如烧尽的煤炭。有一种岩石因为含有铜的缘故是灰绿色的，像塘里的污泥那种脏绿，这些颜色混在一起，构成一个个青面獠牙的鬼脸。还有一种红色的山岩在犹他州随处可见。在犹他州，那是一种令人愉悦的红，灿若丹霞，像是圣堂的宫殿，充满灵气。而这里的红石头红得像污血，而且还是在滴滴答答流着的血。真是名副其实的死亡谷，到处充满着死亡的气息，翻开地图，到处都是不祥的字眼，如棺材峰、葬礼山、干骨谷、魔鬼球场、地狱之门。

　　生活在花团锦簇的都市，想象不出就在身边竟然有这样死寂的地方，这里生命的迹象微弱，死掉了一样的小灌木每一棵都隔着遥远的距离，孤独地对抗着严酷的生存环境。不明白这些灌木为什么要选择这样的地方？这里没有竞争，却充满着生存的艰辛，这些苦难的植物也有生命的愉悦吗？这使我想起那些生活在困苦中的人类，谁说"人生来是平等的"，人一出生就注定了不平等的基础，如种族、肤色、遗传基因、身体素质、经济状况、文化背景，已经打上了不平等的烙印，就像这些植物，一出生就注定了一生的艰难，看到这些，平日里心中的不满和挣扎一下子得到了宣泄。如果偶尔看到一棵颜色青绿的灌木，会兴奋不已，看到一朵小花就会情不自禁地叫起来，看来这里作为公园是对的，它的荒凉让我们对枯燥的生活充满珍惜。

　　远看前面有一个巨大的湖泊，波光粼粼，心想这就是传说中的有毒的水吧，不管怎么说，在酷热的沙漠里看到水，无论如何都让人欢欣鼓舞，走近一看，原来一滴水也没有，是一望无际的盐滩，有着水一样的波浪，有一字牌写着"bad water"，意思是"恶水"。这里是西半球的最低点，低于海平面284尺。也是传说中有会走路的石头的地方，但路况太差，车子过不去，今天就看不到了。

　　天渐渐黑下来，死亡谷陷入一种死寂的黑，有一种叫"约可亚"的仙人掌树，枯瘦的枝干，无枝无叶，有一人高的样子，只在顶部或中部有一两个和树干一样无枝无叶的分枝，像是人的上肢，在月光里远远望去，像是许多行走着的幽灵。这里人烟稀少，看不到一丝人间烟火，开车几十分钟也看不到一辆车，只有几里之外的前方，有一辆卡车的尾灯发出微弱的红光，在山丘间时隐时现，当年徒步从这里经过的人真是叫天天不应，叫地地不灵。我当然是不怕的，因为车上有足够的水和食物，在这里想象当年人的艰苦，就像在舒适的空调房间，坐在壁炉旁边欣赏窗外的漫天大雪，看到的只有美、一种空旷的美。

　　天完全黑了，我们找一处最寂静的地方停下来，这时，半个月亮挂在天上，薄薄的云彩罩住天幕，周围山影朦胧，没有一丝风，出奇的静，没有一声虫鸣，没有半声鸟叫，没有风声，没有水声，没有风吹落叶声，所谓花瓣坠地声、植物拔节声、春蚕吃叶声、昆虫振翅声如果这里有，我今天一定能感受到，但这里什么也没有，真正的万籁俱静，死一样的静，像是在另一个星球、另一个世界。突然开始想念声音，任何声音这时候都是美妙的音乐。

　　谁说山清水秀才是美，谁说繁华富丽才是美？这里的死寂，这里的洪荒，涤静了心中所有的杂念，所有的烦恼忧愁都烟消云散，人类的欲望也降了又降。心里只有一个念头，那就是水，心想若有一处洁净的泉水，那就是天堂所在了。

古堡奇缘

我们从洛杉矶出发，沿着15号公路往东，开到190号公路往北三个半小时的车程，便进入死亡谷。只见满眼触目惊心的荒凉，一望无际全是黄褐色的荒山焦土，山是全裸的，上面寸草不生，面目狰狞。地上是干燥的戈壁乱石，没有动物也没有植物，一切生灵全无。翻开地图，到处都是不详的字眼，如棺材峰、葬礼山、魔鬼球场、地狱之门等。方圆几百公里，只在火炉溪有一片小小的人造绿洲。我们在火炉溪稍作休息，又开车往北走，又是两百公里的荒山，除了几个早已成了鬼城的废矿，没有一点人间的痕迹。傍晚时分，我们过了一个山口，翻过一个山坡，突然看到一个城堡的塔楼，不久，整个城堡全部呈现出来。一片白墙红瓦的西班牙建筑掩映在葱绿之中。这里金风送爽，泉水叮咚。我十分惊讶，在这么一个荒无人烟的死亡谷，怎么会有这样的繁华之乡，不会是海市蜃楼吧。

这里的确不是海市蜃楼，而是一个真正的城堡，名叫"史考特"城堡。史考特，据说是一个身无分文的牛仔，游荡在洛杉矶城里的小混混。这个史考特特别善于言辞，巧舌如簧，真的能把稻草说成黄金，又能把黄金说成稻草，喜欢编故事，把一些无稽之谈描述得有鼻子有眼，让人不得不信。

有一次，他的妻子外出旅游，买了两块金矿石作为留念，史考特就拿着这两块矿石到处招摇撞骗，说是自己发现了金矿，就在死亡谷境内，还夸口说，如果谁能出钱投资，他就能使谁成为巨富。在洛杉矶的酒吧里，谁都认识他，没人理他。有一天，一个来自纽约的大富商强森被他打动了。强森是学采矿专业的，他班门弄斧，强森竟相信了他，不断地资助他。史考特拿到钱后，继续在酒吧浪荡。当然偶尔也会骑马在死亡谷转悠，毕竟20世纪20年代是个黄金时代，加州又是著名的黄金州，但死亡谷没有发现黄金，大概是死亡谷广袤的谷地、奇怪的山形引发了史考特丰富的想象力，但金矿却不是每个人都能遇上的。这样过了几年，强森发现是一个骗局，就不再资助他了，金矿之事也就这样不了了之了。

偏偏这两人之间缘分未尽，六年之后，强森突然又想起死亡谷。再一次联系史考特，史考特这一次用尽了花言巧语，带强森在死亡谷溜达了月余，强森没有看到金矿，但他的病却奇迹般的好转了。

强森二十岁的时候与父亲一起开车出了车祸，父亲当场死亡，强森被医生预言只能活到三十岁。可能是这个预言让强森有别于一般人，也可能是史考特实在太健谈了，又一次迷惑了强森，这一次，两人游荒山，住帐篷，强森没看到金矿，却深深地喜欢上了死亡谷。从此常常拜访死亡谷，而且带上了妻子。没想到他妻子对死亡谷一见如故，决定在这里建房子。这一下子史考特真的找到工作了。他对死亡谷了如指掌，很快发现建房子的风水宝地，这个地方有200多处泉水，每一棵棕榈树、每一棵野葡萄下都有一处泉水，而且气温适宜。他召集印第安人开始大兴土木，一盖就是六年，而且还建了一个水力发电站，这个城堡不仅外形美轮美奂，而且内部豪华富丽，独对着渺无人烟的巨大荒漠，那气派真的非同寻常。强森夫妇来此居住，史考特也与强森结下不同寻常的友谊，强森在城堡单开一间给史考特居住，史考特坚决不肯，仍然住帐篷，喝泉水。

看来史考特又不完全是骗子，记得有人说过："人的生命中有一部分是渣滓，人的思想中有一部分是糟粕，人的感情中有一部分是低级的，但带你到沙漠并安详陪伴你的这个人，一定有一个优秀的部分。"史考特能够整年整月地游荡在死亡谷，孤独地面对广袤的荒野，也确实需要一些勇气。

如果有人问："史考特，那里是你的金矿不？"史考特从来不直接回答，他说："死亡谷这个许多人设法避开的地方，使我震惊，我觉得这里有我美好的未来。"而他的朋友强森也同样的不可思议，人们问他，史考特欠你多少钱，他也模糊地回答："谁说他欠我的钱，他付给了我快乐。"而且避重就轻地说，"他还是一个出色的烹饪家。"真是很般配的一对。

不管这两人的关系如何微妙，这个城堡是强森出资建造的，这是千真万确的，怎么就成了"史考特"城堡呢。有的说史考特撒谎，他看主人不在就谎称是他的庄园，这样也合乎逻辑。但强森家的餐具上镌刻着史考特的名字，看来他又不是外人。

总之，这古堡确实是一个骗子和一个富翁说不清道不明的奇缘。现在强森已渐渐被人忘记，他巨大的财富也烟消云散，史考特却被人记住，他铜像上的鼻子被人摸得闪光发亮。史考特的墓地就在城堡后的山丘上，墓碑上有意味深长的碑文："什么也不要说，说了有人会受到伤害，什么也不要解释，没有人能理解。"

是的，很难让人理解，史考特到底是一个骗子还是一个寻梦者。这个身无分文的穷小子，在梦里碰巧拉住了一个巨富的衣襟，梦得瑰丽多彩，梦得扑朔迷离。其实寻梦者不是只有史考特一个，许多伟大的人物也是寻梦者，比如一些伟大的思想家、革命家，如马克思、毛泽东，甚至奥巴马都是伟大的寻梦者，比史考特的金矿更有吸引力。

几个小时后，我们离开了，很快又被荒漠淹没，史考特城堡仍然屹立在浩瀚的沙漠，继续述说着荒野的传奇。

漫步拉斯维加斯

拉斯维加斯是一个赌城，情色之城，也是购物的天堂。但这些都与我无关，我从来不赌，也不喜欢名牌，所以对这个著名的城市总是敬而远之。都说到美国不去拉斯维加斯就等于没到美国，我不这样认为。我住的洛杉矶距离这里只有三个半小时的车程，可谓近水楼台，我却从未动过来这里的念头，每次经过都一路开过，目不斜视。

这个感恩节的假期，我开车在沙漠漫游，不知不觉就深入沙漠腹地。夜晚的沙漠安静无比，没有植物，也没有动物，亘古洪荒，就像到了另一个星球，你觉得你会永远消失在这虚空里，莫名的恐惧油然而生。过了一道山，前面的天地交界处出现一片黄光，黄光愈来愈近，渐渐地清晰地出现了万家灯火，人间世界。像是在宇宙中迷失的人，突然看到了人类的家园，万分的亲切。他的好，他的坏，你都不计较了。现在我明白了，为什么这个沙漠中的城市会如此辉煌，大沙漠让你与世隔绝，让你短暂地忘记了现实世界。

突然对这个城市产生了兴趣，随即决定到此一游。我自己安慰自己，我不去赌，也不去购物，也不想看那五光十色的秀。

我总可以看看灯光，欣赏一下建筑，观一观街上的人群吧。听说这里搜罗了全世界的著名建筑，有埃及的金字塔，古罗马凯撒宫，英国的伦敦桥，法国的凯旋门、埃菲尔铁塔……一种莫名其妙的兴奋让我不知不觉地加快了速度。

这个城市真的有着魔力，无论什么到了这里都失去了法则，建筑物也一样。任何城市都有自己的风格，比如巴黎的典雅、上海的摩登，这里只能说是光怪陆离。建筑风格让人震惊，造型奇特，想象大胆，色彩艳丽。据说世界上十大奢华的酒店有九个在这里，奢华中透出豪气、霸气，大家不约而同地使用了金色，金土相生，城市的四周是一圈的高山，这里恰像一个聚宝盆，建筑物的形状很多是犹如怀抱的弧形，山环水抱，聚财之地也，这暗合了风水学的原理。当然也有不合风水的倒三角形、倾斜怪状形，所以也有人瞬间赤贫，沦为乞丐，有输有赢，这才是赌场的真正风水。

《圣经》里说，天堂里是用金子铺地、银子搭墙、珍珠做门，这样看来，这里就是天堂了。建筑物的墙壁多是纯正的黄金的颜色，地面不知为什么总发出银白的光泽，灯光是仿珍珠和钻石形状，铺天盖地，流光溢彩，各种灯光争奇斗艳，霓虹灯、探照灯、闪光灯、荧光灯、镭射灯。这里的灯光不再是照明之用，完全是装饰和表现。有家酒店大厅内外有数万只，组成银河系的形状。我去的那家饭店的地面像是用金砖铺地，饭桌之间用金丝的垂帘相隔，头顶上是一块块二尺多长、半尺宽的金砖的吊饰，金光闪闪，还晃晃悠悠地摆动，好像随时随地都会掉到头上来，分明是在诱惑你，看来设计者煞费苦心，而且匠心独运。

像有一双魔手，到了这里，钱像纸片一样，任何人到这里都情不自禁地赌几把，一试运气。我认识的一个朋友，她在一个律师事务所做秘书，去年感恩节，她和女儿及日本男朋友去拉斯维加斯度假，一家人一直逛到十一点才回酒店，她在酒店的走廊上拉几下投币的老虎机，一拉拉出五十万美元来。天啊，那该是怎样的一种兴奋呀！我无法想象。当天因为太晚了，赌场告诉他们第二天九点来取钱，在等待取钱的时候，她女儿投了一枚银币，一下子又拉出五十万美元来，这简直是传奇，要不是我认识那个秘书，打死我也不信。那种欲仙欲死的幸福感不是每个人都能遇上的。我也拿几百美元在老虎机上，一会儿就没影了，心里竟然毫不疼惜。幸亏没敢多带钱，不然真会着魔。据说，印第安人会一种咒语，让赌客着魔，因为这里的赌场很多是印第安人开的。我不相信，印第安人是游牧民族，对钱并没有多少概念。

没有了钱，在赌场里逛，多少有点儿心虚，就逛巴黎建筑区，前面有埃菲尔铁塔，想登上去一睹拉斯维加斯的全景。这塔是原来建筑的四分之一的高度，站在二层的等待平台上可以看到赌场的全景。外面已是夜晚九点多钟了，这里却还是白天，碧蓝的天幕飘着白云，天际有着彩霞，看起来像是天近黄昏，确切地说是早晨，实际上，根本分不出是早晨还是黄昏。太阳将落未落或将出未出，是故意让你分不出晨昏，让你觉得时候还早。太阳将出，新的一天刚刚开始，或者说太阳刚刚下山，美好的夜晚刚拉开序幕。四周建筑围成一个封闭的世界，西部有霞红的山影，东部透出清辉的晨光，右边是连绵不断的赌场，左边有树木花草、饭厅、商铺，正在表演着的舞台。树木有的很粗，上千年似的，我很想知道那是真是假，其实肯定是假的，因为这是在室内。数根巨大的柱子撑起这里人造的天空，头上祥云缭绕，柱子旁轻雾弥漫，真是一个仙山琼阁的神仙境界。仿佛告诉你，这里天长地久，歌舞升平，你尽可以"舞低杨柳楼心月，歌尽桃花扇底风"。

　　事实上，每一家饭店都自成体系，都竭尽全力标新立异。梦幻酒店门前有一个人造的活火山，每半小时喷发一次，逼真地表现了火山喷发时的壮观景象，据说每喷一次都要花去上万美元。美丽湖酒店前有音乐喷泉，几千束的喷泉在几千米的高空随着音乐舞蹈，升起的水幕比十几层的酒店还高。金银岛大酒店克隆了加勒比海滩，把金银岛的海盗大战有声有色地模拟出来。威尼斯酒店恨不得把整个意大利都搬过来，威尼斯运河就从酒店穿过，运河两边是仿欧购物商场，街头表演甚至叹息桥也能看到。金字塔大酒店前面的狮身人面像比埃及的还大,内部的购物中心里到处是埃及的雕塑、绘画、木质的装饰品,四千多个客房像蜂房和燕子窝一样镶嵌在墙壁上。进入客房要乘倾斜30度的电梯,经过弯曲的尼罗河,躺在卧室的浴缸里可以俯视市区周围的群山,真是说不尽的豪华。

这里无处不赌,酒店夜总会、商场、小卖部、候机楼……都是赌场,这里每个广告牌、每个橱窗、每个墙面都与赌相关,任何一个细节都激发你赌的欲望。譬如酒店的地毯,颜色极为艳丽,图案的造型都提醒赌客,生命和运气都转瞬即逝,要在极短的时间内尽情享受各种生活乐趣。这黄金堆砌的城市,白天和黑夜连在一起;欢乐和痛苦连在一起;生和死,天堂和地狱都连在一起。这仿佛是欢乐之都,也是死亡之都,绝对是个拷问灵魂的地方。整个大街,除了赌场还是赌场。你想去餐厅,赌场有;你想购物,赌场有;你想休闲潇洒,赌场有。如果你是腰缠万贯的富豪,到这里来吧,顷刻间让你分文不剩。如果你是身无分文的穷小子,也到这里来吧,也许一夜暴富。赌累了,赌场有歇息的后花园,养足了精神再去赌。赢了大笔的钱,突然间昏了头,想结婚了,登记处二十四小时等候你的到来,半小时搞定,离婚也一样。赌输了,通过简单的手续可以借钱继续赌,当然也可以从酒店的任何一个窗口跳下去。这里是一个不按常理出牌的地方,陈规陋习全都不存在,毫无顾忌地宣扬赌博，追求享受，女人是仅次于老虎机的城市符号，舞娘就像自助餐厅里的肉一样任你切割。男人也一样，男人的脱衣舞表演更加惊心动魄。

这里应有尽有，因为这里一无所有，人造山河、人造湖、人造火山、人造瀑布、人造天空，星球大战、世外桃源，都是人造的，很难想象一百年前，这里还是一个小小的草场，放牧着不多的牛羊。是谁突发奇想，点沙成金，横空而出一个如此耀眼的城市。除了博彩业和娱乐业，各种顶级的商业会展和高档的艺术表演也汇聚于此。

我一边漫步一边思想，美轮美奂的巴黎城、凯撒宫，其实一会儿就不见了，因为那毕竟不是真正的巴黎和意大利，只是一个人造出来的小小的一角，像是孩子搭起来的积木，一转身推倒了，就像南柯一梦，都是虚幻的，分明就是海市蜃楼。都说拉斯维加斯是美国西部精神的图解，张扬生猛，是冒险家的乐园，我却不这样认为。

真正拨动这个城市神经的是钱，这个城市对失败者是铁面无私的。

我们漫步在这里，就像朱自清和余平佰游秦淮河，他们只闻到一点秦淮河水里的脂粉气，只听到隔水飘过来的缥缈的歌声。我们也只是捕捉到金钱的影子、声色的梦，等离开时跋涉完数百公里的沙漠之后，一切又都蒸发得干干净净了。

夕阳中的墓碑镇

从洛杉矶出发,向东沿着10号公路,一口气行驶800公里,傍晚时分,我和朋友吉恩到达了美国西部亚利桑那州的一个小城"墓碑镇"。

1877年,一个名叫艾德·斯奇夫林的探矿人在这里发现了银矿,他告诉一个最好的朋友,不料,这个朋友不以为然地说:"那里气候恶劣,荒无人烟,你要是在那里开矿,将来等待你的不是大把的银子,只能是一块墓碑。"这个无所畏惧的美国人真的去了,真的在那里找到了银矿,而且真的就把他的第一个银矿取名为墓碑,后来,这个村镇就成了墓碑镇。

这是一个典型的西部小镇,四周是美国西部特有的土红色山丘和广袤的旷野,点缀着星星点点的灰绿色小灌木。在一望无际的荒野间,一片形状各异的简陋木屋,赤裸地暴露在西部强烈的阳光下。主街直直的,只有一条,街上一棵树也没有,当街的店面都有两米多宽的木质的回廊,回廊里有乘凉用的厚重的木椅子。进入内部也是一派西部风格,粗糙石质的地面,本色的木质墙壁,桌子、椅子都是原木稍加砍削做成,上面的木纹和木瘤还原封原样。酒吧和饭店的墙上有木质的或铁质的各种各样的挂钩，用来为顾客挂衣服、帽子和枪支。最醒目的是各种动物的头饰，野牛、野鹿、野狼都是原物本来的大小，在墙上活灵活现地伸出完整的头颈。风灯、烛台、马缰绳、马鞭还放在当年的位置上，现已布满灰尘。有的墙壁上还可以看到泥坯和泥坯里的麦草。墙上挂着不同尺寸的当年的老照片。当年西部质朴的生活和狂野的风情依稀可见。

当时的西部，不但土地蛮荒，文明也蛮荒。来这里的人，看中了哪块地，围上栅栏，就是自己的了，发现什么矿藏，挖出来也归你所有。这怎么能不激发那些背井离乡、一无所有的人们？本来到美国来的那些人就充满了冒险精神，敢于漂洋过海的英国人，钟情于土地的爱尔兰人，善于工程技术的德国人，英勇无畏的西班牙人，吃苦耐劳的中国人。最多的是牛仔，因为南北战争后，那些从战场回到家乡的士兵，面临的是经济衰退，没有工作，而西部大量新开发的农田和牧场，急需劳动力。这些士兵，经过战争的洗礼，习惯了风餐露宿的生活，吃苦耐劳，又枪法准确。牛仔不但要吃苦耐劳，而且要随时对付印第安人的偷袭、野狼的围攻和不法分子的抢劫，好的枪法必不可少，于是，西部牛仔应运而生。

墓碑镇因为银矿的发现，短时间内吸引了大量的淘金者，牛仔、矿工、商贩、店主，甚至小偷、妓女等相继涌入。这个黄土漫漫的荒漠小镇，瞬间光彩夺目，同时，黑道白道、江湖恩怨、偷盗抢劫、谋财害命也不断上演。全盛时期，居民达两万以上。当时，这里有亚利桑那州最好的酒吧：水晶宫酒吧。最好的旅店：东方酒家。最著名的剧场：鸟笼剧场。鸟笼剧场内设有酒吧、妓院、赌坊。女人穿极少的衣服，被吊在一个鸟笼子里跳舞唱歌。这个剧院现在依然在那里，虽然满是灰尘，但格局完好，墙上、舞台边上的弹孔依然如故。镇里的工作人员都穿着一百多年前流行的服装，酒吧里放着当时流行的音乐，餐馆里也是当时的菜单，剧院里是《血战墓碑镇》和《执法悍将》的电影，都是根据墓碑镇的真实故事拍摄的。赌桌上还放着一百多年前的纸牌，妓院的花瓶里还插着当年的干花。卖枪支的商店、卖马具的商店，甚至铁匠还在继续着当年的工作。镇里最华丽的建筑是法院，法院后的绞刑架还依然如故，豪华的马车还应景似的载着游客满街转悠。

我们吃了当年的牛排，我买了一套当年西部女孩的服饰，看了电影和真人秀"ok农场大决斗"，又参观了废弃的银矿，日落时分回到了旅馆，旅馆的对面就是著名的靴子岗墓地。

这时，一轮落日冉冉而下，映红了西天的云彩，远山、谷地都染成了暗红色。无枝无叶的约书亚树像一枚枚钢针扎在山坡和无垠的谷地上。靴子岗墓地在晚霞的余晖里很是悲壮，石块堆起的坟墓揪心的荒凉，每个十字架都染血一样殷红。

我细看了每一个墓碑，大约有三百个，除了一个婴儿和一个老人，其余全是死于非命的年轻人。美国有一句谚语形容一个人死于非命，是"穿着靴子死的"，因为正常死亡的人要么在家里，要么在医院，他们不会穿着靴子的，只有死于非命的人才会穿着靴子。这也是靴子岗墓地名字的由来。葬在这里的人绝大部分死于枪杀，有的被谋杀，有的被误杀，有的死于决斗，其中不少是被印第安人杀的。还有的是死于矿难和意外事故。枪杀的原因有的很单纯，有的为一句话，有的为一杯酒，有的为了争一个妓女，有的因为输钱，有的死得很悲壮，为了争取自由和公正，有的死于不明不白的意外。

最让人难忘的是，这里的墓碑非同一般，美国人很幽默，到死也不忘幽默一下。美国人上到总统官员，下到平民百姓，都有幽默天性。例如，受人爱戴的里根总统，被人刺杀，幸亏子弹偏了一点，没有致命。我看了当时的现场录像，里根醒来的时候，第一句话就笑着对医生说："希望你们不是民主党，我不想再被杀一次。"布什因为不够幽默，让大家很不满，奥巴马为了讨人喜欢，也常常拿自己开涮。著名作家海明威在墓碑上写道"原谅我不再站起来了"。一个死于非命的年轻人让人在他的墓碑上写道："我美丽的妻子只有25岁，她具备所有的女性的贤德与智慧，直接与她联系吧。"

可是墓碑镇的死者幽默中更多的是凄凉，因为对死者的背景往往一无所知，只能草草了结，例如，一个牛仔死在酒

天外的乡愁

馆的马桩旁，身上留下六颗子弹，所以墓碑上写道"死于六颗子弹"。两个脾气暴躁的牧人，一个要牲口快走，一个要慢走，于是互相射击而死，墓碑上写道"不幸死于坏脾气"。还有，"皮特，被扑克牌击中后脑勺"。诸如："马摔死的""石头砸死""疯狗咬死""淘井闷死""过劳死""污水中毒""食物中毒""劫火车者""抢银行者"，被"错误绞死"等。因为墓碑的简陋和死者的无足轻重，大多数的墓碑只是简洁的几个字。还有几个写着"被中国人杀死"。中国人真是无处不在，这么一个荒凉的小村镇，也有中国人。

总之，都是鲜活的生命突然停止，在这里，生死是如此的轻松；在这里，人的生命也脱离了常态。从这些死者的墓碑，不难看出那是一个多么鲜活、狂野的时代，许多人为了梦想不惜拿生命来冒险，为了公正不怕以身试法。人们的审美也是奇怪的，这么一个血腥的无法无天的年代，人们却不断地缅怀、追思，流连忘返。牛仔这一短暂的社会现象，让人如此难以忘怀。牛仔们那一身标准的装束，马靴、手枪、围巾、牛仔帽，以及牛仔们在马上的勃勃英姿，还有那辽阔的草原、奔腾的牛群都成了人们对西部挥之不去的乡愁。

最著名的坟墓，是三个连在一起的，墓旁一棵仙人掌正开着艳红的花朵。他们分别是汤姆、弗兰克和比利，死于著名的"ok农场大决斗"。按电影里所述，他们应该是反面角色，但他们的坟墓上还是放着许多花朵。

这个著名的故事叙述的是：堪萨斯的著名警长怀特·厄普，厌倦了紧张危险的警察生涯，退休后到墓碑镇安度晚年，他的两个兄弟也在这里做生意，同时也是这里的治安警官。但厄普看着墓碑镇糟糕的治安，不愿袖手旁观，又一次挺身而出，披挂上阵。三兄弟因为执法严厉，得罪了不少人。一天，警官的好朋友，哈利医生，在酒吧喝酒，与牛仔依侃发生了争吵，两人都喝了不少酒，吵闹不休，警长厄普处理很长时间都没有结果。事后，依侃抱怨厄普警长执法不公，袒护朋友，还拿枪威胁他，扬言要给医生以及三兄弟颜色看。第二天，厄普兄弟当街殴打了依侃和他的朋友汤姆。依侃和汤姆愤愤不平，召集了朋友共五人，放话要杀掉警官以及他们的全家老少，讨回公道，扬言如果厄普兄弟敢在街上出现，好戏就要上演。次日，厄普兄弟还有多事的医生哈利四人果然威风凛凛地出现在街上。决定与依侃及汤姆等五人在ok农场展开大决斗。这个著名的枪战一共持续三十秒，厄普一边只有两个轻伤，依侃那边三死两重伤，从此墓碑镇的治安大为改善。

这个著名的枪战仅仅持续三十秒，也许你觉得不够壮观，但是要知道，他们用的是左轮手枪，相距只有4公尺，真正是面对面，决定生死只在几秒间，这场面也许比不上赤壁之战的波澜壮阔，但绝对有董存瑞手顶炸药包的英勇，有荆轲只身刺秦王的悲壮。看到这场决斗，你佩服警长以及其兄弟为了镇里的治安和家人的安全那种大无畏的英雄气概，同时也不得不佩服那些为了讨个公道宁死不屈的牛仔们，不得不为当时的美国人果敢干脆的处事作风而震撼。这是另类的可歌可泣，是对一个人灵魂最直接最快速的拷问，是一个民族的铮铮铁骨发出的最强音符。所以，这个故事成了美国西部片源源不断的灵感来源，是美国西部也是整个美国人乐观、进取、英勇无畏的精神体现。

天黑时分，我不得不离开墓地，这时，旷野特有的疾风开始敲打这些墓碑，坟墓地上的石块间不断地发出尖利的哨音，仿佛当年那些激烈的枪战正在上演。

墓碑镇随着银矿的终结迅速瓦解，墓碑镇成了真正的墓碑，这些不起眼的无名墓地成了别样的风景被人纪念，那些可歌可泣的英雄故事也将长久地在民间流传。

第 3 篇

游　记
You Ji

- 叹息桥
- 情迷爱尔兰
- 原乡情
- 火烤冰激凌
- 别样的舞蹈
- 密林幽思
- 印第安集市
- 印第安人剪影
- 失落的玫瑰
- 摇曳的玉米

叹息桥

这次来英国时间很短，没有准备去伦敦郊外的牛津和剑桥，因为在法国机场的意外，又退回英国，多出了时间，就直奔牛津了，本以为牛津就是牛津大学，把车上的导航仪器设到目的地牛津大学，转来转去就是找不到。原来，牛津是一个城市，大学散布在城市之中。早听说牛津是一个没有围墙的大学，其实完全不是，牛津有40多所学院，每一所学院都高墙厚院，完全封闭的中世纪哥特式或古罗马式建筑，个个重门紧锁，或有门卫紧紧看守，根本进不去，个别的学院买参观票可以进去，但是一般游客只能在广场及建筑物外围看一看，房间进不去，草地也不能踏进去半步。

站在牛顿的苹果树下，听一听那些如雷贯耳的名字，哲学家培根、诗人雪莱、经济学家亚当·斯密、天文学家哈雷，几百年间，牛津培养了5个国王、26位英国首相、61位诺贝尔奖获得者，还有美国前总统克林顿、英国前首相撒切尔夫人、中国的钱钟书先生等等。你脚下的小路不知道多少名人走过，你身边的那棵树一定有某个巨人倚过。的确，王尔德坐过的木凳，萧伯纳倚过的书架，还原封原样地保存在那里，这一片钟灵毓秀之地，什么都可以名存千古。一所学院大门的铜锁像一个牛鼻子，那所学院就叫铜鼻子学院，对着的巷子也沾了光叫铜鼻子巷。就像一个名人，他的话字字珠玑，嬉笑怒骂都能成为名言。看着那些灰绿色的处处青苔的中世纪四合院，个个历史辉煌，神话般迷人的尖顶的哥特式建筑，和那些来来去去的满脸高傲的在校师生，你除了一声叹息，还能做什么？

欧洲的很多城市满街都是老人，但这个城市大多是年轻人，大街上到处俊男靓女，酒吧里也都是年轻人的身影，他们热烈地讨论着，肆无忌惮地欢笑着，让古旧的建筑，蒙蒙细雨的街道充满了青春的活力。牛津是一个古老的城市，街道很窄，有很多曲折的小巷，小巷几尺宽的样子，悠长悠长的。去时正下着雨，这里的人对雨似乎习以为常，根本不去躲雨，就在雨中不紧不慢地走着，有的撑一把伞，伞下多是一男一女，他们心无旁骛，或深情相拥，或幽幽细语，只有我，一个远方的游客在雨巷里叹息着，徘徊着。在不知谁家的后门窄窄的屋檐下拼命地盯着地图想找一条属于自己的路。忽然看到一个醒目的标志，名为"叹息桥"的地方，怎么有这样的名字，一定有什么故事吧。桥本来就是让人浮想联翩的地方，许多不相干的事物有了桥，就有了联系，许多著名的地方与桥有关，比如，古人留下的充满诗意的地方如霸桥伤别、鹊桥相会、枫桥夜泊；再比如，《廊桥遗梦》《魂断蓝桥》都有美丽的故事，"叹息桥"一定也是个不凡的地方吧。

我们按着路标寻找，很容易就找到了。只是让人很诧异，名为桥，竟没有水，连接的是两所学院，正宗的古罗马风格，雕梁画栋，顶部和四周都是封闭的，有小的半透明的玻璃菊花的窗饰，拱度很大，顶部却是平的，虽说造型优雅，雕饰精美，我看着觉得憋闷，没有水的桥本来就没有了灵气，还那样严严实实盖着，这样的一座桥，为什么就这么出名？正在纳闷，有一群日本游客过来，他们也在左顾右盼着这座桥，一个导游似的日本人用并不标准的英文在解说。我旁听了一会儿，他解说的意思是：牛津大学的考试历来严格，重要的考试不在自己的学校考，要到一个专门的考试学校。学生们去考试的路上必须经过这座桥，担心考试或考坏了的学生，走在这里不免叹息，后来这里就叫叹息桥了。我们刚刚参观过考试学校，这种解释听起来还算合理。

第二天，我们又去了剑桥大学，剑桥是牛津的兄弟，是牛津的师生为躲避与当地居民的打斗迁移到剑桥这个小镇上来的。几百年来，剑桥一直学着牛津，又千方百计地要超过牛津，在学术上逐渐形成了自己的特色。如果说牛津偏重于人文的话，剑桥就侧重于理工，如果牛津比较庄重，剑桥就比较灵秀。我个人认为，剑桥的灵秀一定是康河赋予的。徐志摩的一曲《再别康桥》，让这里成了很多中国游客的精神家园，到此一游，果然名不虚传，康河水清清，细波如螺，两岸清荫美草，河边垂柳婆娑，草地上野花锦绣，树间鸟转禽鸣。我们在康河泛舟，如行画里，秀美的康河上有很多桥，撑船的是一个英俊的德国小伙子，他是剑桥大学的学生，每过一座桥，他都解释一番，有康桥、剑桥、数学桥……当然也有一个叹息桥，这里是一座名副其实的桥，桥下有美丽的康河，这里有叹息桥我并不感到奇怪，因为剑桥的一切都是按他的兄长牛津的名字命名的，学院的名字也是一模一样的，如"国王学院""圣三一学院""皇后学院"等，我对那位日本人的解释不太满意，就问小伙子"叹息桥"有什么来历吗？

小伙子眉飞色舞道："这座桥是从威尼斯搬过来的，在威尼斯，这座桥一边是法庭，另一边是重犯监狱，许多在法庭被判有罪的人或被判死刑的人，走在这座桥上必然叹息，所以就叫叹息桥。"

原来是这样，我嘘了一声。

同船的大概是一对意大利夫妇，男的说"是真的，和威尼斯的那座桥一模一样，我们称它'奈何桥'，是因为那所监狱就是一所石牢，进去的人，没有一个能活着出来的，去行刑的罪犯经过这里也就是最后一次看到这个世界了，能不叹息吗？"

真是越说越玄了，我有些毛骨悚然。

那人的妻子说："在叹息桥下接吻，爱情可以永恒。据说有一个罪犯,在行刑的路上经过叹息桥时,正巧他的情人在桥下与别人接吻,他气得一头撞在花岗石的窗上,死了,而桥下的人却一点也不知道,还在深情地接吻呐。"

这个故事多少让人喘了一口气,还是觉得不舒畅,虽然有了一点浪漫,还是血色的,就问小伙子:"你喜欢这座桥吗?"

他说他很喜欢,他说:"犯了错误的学生,学校总是被叫到这里来反省,我也来过的,我的女朋友就在河那边的学院。"小伙子指一指左岸的一所学院,满脸得意。对于这个德国小伙子,叹息桥是轻松的,是爱情之桥。

我来这里既不是奈何桥上的罪犯,也不是对水思过的剑桥学子,更不是桥下接吻,希望爱情永恒的恋人。

船靠岸了,我不得不离开。

在夕阳的余晖中,在康河的柔波里,我的叹息留在了桥下,而我不能留下,康桥,我轻轻的来了,又轻轻的告别,轻轻的挥一挥手,带不走一片云彩。

情迷爱尔兰

我一直认为爱尔兰属于英国,匆匆订了去爱尔兰的机票,以为不要签证。离飞机起飞还有三个半小时,心中总觉得不安,就打电话给在英国的爱尔兰大使馆,果然需要签证,我心里一沉,立刻跳上出租车直奔大使馆。签证官是一位非常和气的爱尔兰中年女性,在她的竭力帮忙下,让我们即刻拿到了通常七天才能得到的签证。一路使用特别通道,终于看到了翠绿的有着三叶草图案的爱尔兰航班,总算按时赶到了。在飞机上吃完点心,喝了茶,刚松了一口气,爱尔兰就已经在机翼下了。

刚刚从沙漠腹地的美国洛杉矶出来,一下子进入绿宝石般的翡翠之国,就像掉进了仙人洞。在机场办完租车手续,飞快地驶进首都都柏林。都柏林是一个古色古香的田园都市,看不到任何高大的建筑,一条利费伊河穿过中部,南岸有古堡式的古建筑群,圆形钟楼,又有著名的圣三一学院的尖顶哥特式的建筑。站在桥上看着雾蒙蒙的利费伊河,感觉很像站在伦敦的泰晤士河边。但若仔细观察,这里没有伦敦的肃穆,这里著名的城隍街上建筑色彩艳丽,图案简约,充满激情和孩童般的天真气息。街上行走的爱尔兰姑娘肤色如雪,体形苗条,各色眼睛都发出宝石般的光泽。我首先注意到的是爱尔兰的国徽，蓝色的盾牌上一个金黄色的竖琴。竟然用乐器作为国徽，真是一个迷人的民族。街上的雕塑最令人瞩目的是高举着酒杯的人，墙上的壁画时常出现举杯畅饮的画面，真是一个敢于浪漫的国度。

爱尔兰是一个历史悠久的民族，也是一个不断被入侵而饱受苦难的民族。历史上战争与饥馑不断，使这个善良的民族多了一份血与火的深沉。爱尔兰目前已成为发达国家之一，被称为欧洲的"硅谷"。爱尔兰人热爱音乐，喜欢饮酒，到处酒馆林立，首都都柏林有一条"醉街"，整条街全是酒馆，喝醉酒的人可以在这里尽现醉态，尽兴表演。

有酒就有诗，著名的诺贝尔诗歌得奖者威廉·叶芝就是爱尔兰人。我读着叶芝的诗句长大，今天才知道叶芝是爱尔兰人。这里有最美的民歌，最有才情的戏剧，最有个性的音乐，世界上没有哪个国家像爱尔兰一样有那么多的音乐节、舞蹈节。其《大河之舞》曾引燃全球的踢踏舞热潮。

正好车上的收音机里播出爱尔兰风笛曲《漫步神秘园》，这声音一下子勾住了我的魂，在这深沉悠扬的笛声里，你仿佛看到了爱尔兰特有的蓝绿的草原、白色的沙滩、惊涛拍岸的嶙峋海岸、溪流淙淙的山间小溪，还有那温润的土壤、安静的牛羊。风笛因为在笛子上装了一个风袋，在换气时挤压风袋，声音就不会中断，这使风笛甜美的音色里多了一份沙哑和沧桑，更加的幽咽婉转，缠绵不尽，让人潸然泪下。曾风靡一时的《泰坦尼克》号的背景音乐就是爱尔兰风笛，让多少人为之痴迷。沉浸在风笛的遐思里，我完全忘记了回旅馆的路，迷失在飘满酒香的都柏林的夜色里。

　　第二天，一大早起来，打算去西海岸看"上帝之吻"的岩石，一出城就淹没在一望无际的绿色世界里。真是太绿了，绿中有一种蓝色，绿出很多层次。鲜绿的草地、油绿的麦田、墨绿的丛林，黄绿的是散落黄色三叶草花的牧场，锦绣似的绿被一人多高的灌木分割成一个个牧场，形状不一，有方有圆，有长的，有不规则的，这些灌木都开着白色的细密的小花，美得无法描述。如果一片片的牧场是一条散开的绿罗裙，那篱笆就是美丽的荷叶边，偶尔也有绯红的野蔷薇、黄色的金花槐，那就是裙子上的宝石胸针了。我去过内蒙古的大草原，那里蓝天白云下一望无际的草地上，风吹草低，牛羊点点，美得壮观，那里的牛羊难免有一种逐水而居的疲惫。我见过加州牧场里的牛，一个个挤在尺方的夹板内，如坐监牢。这里大片的牧场，宽阔的空间，一年四季水草丰美，栅栏内的牛羊悠闲地吃着草，有的站，有的卧，有的漫步，有的嬉戏，那样安然恬静，无忧无虑，我仿佛听到牛羊吃草的声音，就像自己品尝着那青草，看着大片丰美的草地，真想变成一头爱尔兰的牛，无忧无虑，不再为生计发愁。

田埂和路边长满了金黄的毛茛花、紫色的夏枯草，红色的罂粟散落在碧绿的麦田里，野草莓像一粒粒珍珠隐藏在野苎麻叶子里。我情不自禁地去摘一颗草莓，立刻被野苎麻刺满了手指，火烧一样疼。这就是安徒生童话里写到的野苎麻，第一次亲眼看到。我走进栅栏想拍一张照，惊飞了一只云雀，它箭一样直冲蓝天，很快消失在淡淡的云层里。这时我看到天与地的交汇处，起伏的平滑的山丘像踱步的羊群，小溪如歌，湖水如镜，远处的城堡露出古穆的面庞，隐约的教堂的尖塔响起钟声，我们仿佛误入时光的隧道，进入了欧洲的中古世纪。

在童话般的乡村牧歌里漫游，一边贪婪地看风景。车是非常不习惯地靠右行驶，道路的交叉口没有停车标志，只有一个圆形的转盘作为缓冲，我和朋友阿芳轮流开车，小心翼翼地行驶。到海边本来只有两个小时的路程，我们整整开了六个小时还不见海的踪影，才知道彻底迷路了，干脆把不顶用的导航仪拔掉，自我放逐在迷人的乡间。我们误入一座座古堡、一片片树林，在开满紫色薰衣草花的原野拍照，在稠密的小树林里追鸟，在幽静的湖边看人钓鱼，隔着栅栏数牛羊，直到天黑，才开进了一个只有几十户人家的小村镇，点了爱尔兰最传统的"炖羊肉"，那是我有生以来吃到的最美味的羊肉，店主告诉我们是刚从牧场上捉来的羊。黑啤酒是第一次喝，一股原汁原味的麦香，不知不觉喝多了，同伴阿芳要喝威士忌，就让她喝吧，

反正隔壁就是旅馆。

阿芳是我的好朋友,一个农场迷,正准备在中国老家南宁租地种果树,拉我一起种。我也钟情于土地,对植物很感兴趣,被她说得蠢蠢欲动。正巧这家庭式的酒店的桌子上有隔天的报纸,她翻了几下,刚好有牧场出售,有一处有房子的1100英亩的土地,要价45万欧元,她马上两眼发光地说,这比南宁的果园大多了,我还是开牧场吧,借助酒力,她两眼迷醉,对我喊道:"苏菲,快看,这有1100英亩的上等土地,还有你喜欢的爬满常春藤的白房子,粉红色的三角梅,还有鱼塘呢,我们买下吧,一人一半,你种果树,我开牧场,养纯种的荷兰黑白花奶牛、新西兰白毛羊,让它们像白色的三叶草花一样散满草地。我骑漂亮的白马,戴西班牙宽边牛仔帽,皮鞭一甩,牛羊像千军万马一样任我调遣。"

做梦是不要成本的,在这个无人知道的岛国,做梦的权利是有的,我也就索性和她梦游起来。我说"爱尔兰是悠闲的,骑马破坏情调,我们应该骑牛。"

"是的,骑牛,"她马上改口,"坐在牛背上,吹一支横笛。"

"是风笛,这是爱尔兰。"我一边喝威士忌,一边纠正她。

"对,一支风笛,在暮色里一吹,夕阳在我的笛声中悠悠落下。"

"爱尔兰那么多雨,应该是对彩云一吹,雨就落下来了。"我不由自主地配合她。

"下雨了吗,给我撑一把油纸伞。"

"油纸伞,你掉进戴望舒的雨巷里了。"我笑得前仰后合。

"我掉进徐志摩的康河里了,我就是那康河里的一棵水草。"阿芳神游着,看样子醉了。

"康河里太冷了,这是爱尔兰,不是南宁,我们走吧。"我拉阿芳离开。

阿芳手捧报纸执意不走,喃喃地说:"我没有醉,我当然知道这是爱尔兰,叶芝也是爱尔兰的,你知道吧,叶芝他老人家会带我到他的火炉边的,叶芝他老人家说,许多人爱你青春美妙的时辰,假意的或者真心,只有一个人爱你那朝圣者的灵魂,爱你衰老的脸上痛苦的皱纹……可是这个人在哪里?我找不到这个人。"

她完全把叶芝的诗句糟蹋了,看着阿芳那并不年轻的眼角细碎的泪光,我知道她真的醉了,我肯定也醉了,我们一起醉在爱尔兰迷人的暮色里,醉在谁也不愿醒的梦里。

原乡情

我生在乡下，对田野有着难以磨灭的乡情，后来，一直住在大都市，每隔一段时间，总要到乡间去透透气。来墨西哥的第二天，就迫不及待地租了一辆车去乡下。穿着一件墨西哥式的石榴红的长裙子，戴一顶宽边的巴拿马太阳帽，又把眼睫毛拉得长长的，看起来真有点像墨西哥女子。

沿着海滨大道狂奔了两个小时，不见乡村的影子，其实，这只是一条观光道，不可能看到墨西哥乡村真正的样子，左边是海，右边是山。只有满眼的翠绿树林，都是我不认识的树木和植物。没有村镇，也没有田野，终于看到路边有一排茅草棚，棚子里里外外挂满了芭蕉、榴梿、椰子、菠萝，远看花花绿绿的像一道美丽的风景，停车进去，看到还有各式当地的点心、手工艺品，贝壳做成的花篮、小房子模型、风铃，色彩鲜艳的披肩、毯子。我买了一个墨西哥玉的戒指，黄、绿、蓝三色相揉，组成蓝天、草地、白云一样的画面，美极了，我爱不释手，朋友说不能买，怕不是真的玉，我说即使是假的又能怎样，把这样美的景色浓缩到这么一个小小的戒指里，五十美元也值得。我又买了一条各色贝壳做成的项链挂在颈上，一个印第安老太太示意我买她用小珠子串成的各种图案的耳环，我指一指耳朵，意思是没有耳洞，她又拿一条链子绑在我的眼镜上，用只有小米大的塑料珠子做成的链子，我数一数，共有十六种颜色，真够难为她的。我用西班牙语问多少钱，她看我一会儿，问家是在附近吗，我胡乱指一个方向说，就在下一个镇上。她说既然是近邻，就五十披索给你，她接过钱，又送给我一个小手链，并且帮我戴上，看到老太太沟壑纵横的脸，用颤抖的手帮我戴手链，突然觉得很亲切，那慈祥的脸仿佛是我的祖母，令我心动不已。

  这里点心的颜色极其鲜艳，各种颜色交错排列。我害怕那颜色，鲜艳的是有毒的，曾买过黄色咖喱的印度爆米花，那味道至今一想起就要作呕，我看了半天，买了一袋花生米和一片米花糖，我尝一下花生米，简直就是我妈妈做出来的，米花糖也是走街串巷摇着拨浪鼓的老汉卖的那种味道，突然一种乡情油然而生。早听说美洲的土著印第安人是中国人，有人已用基因证明印第安人就是中国人，是几千年前，阿拉斯加还和亚洲大陆连在一起的时候从那里过来的中国人，确切地说，是那些中国北方的少数民族，最有可能是蒙古族。印第安，这个充满血与泪的民族，竟然是我的同胞。

  再看一看满街的红、黄、绿各色的毯子，围巾，小摇鼓，花棒槌，布老虎，那分明是我童年的玩具，而美国小孩的玩具

天外的乡愁

却大相径庭，积木、拼图、变形金刚。我曾跳过蒙古舞，穿着桃红色的蒙古袍，镶着绿色和金色的花边，骑马、摇肩、甩鞭的动作，和在墨西哥的舞中看到的很类似，难道我们真有共同的祖先吗？

开车一个多小时后，终于出现了一个小镇，那是一片颜色苍俗的小房子，窄窄的砖石铺成的街道，琳琅满目的廉价小商品，稀落的几个行人，落寞地走在尘土飞扬的小街上。进入一个卖衣服的小店，一个印第安女孩很是热情，她穿着缀满花边的白色上衣，一条花色复杂的长裙子，个子不高，有着一张纯正的中国人的脸，扁平得像草原，黄皮肤，单眼皮，微粗的腰围，温顺的眼神，害羞的神态，分明就是邻家女孩，在这里见面，让我怦然心动。我买了一件毛衣，她给了我大大的折扣，没有零钱找，店里也没有其他人，她丢下我们，到别家换零钱，看她气喘吁吁、满头大汗的粉红的小脸，真想对她说："请到我家喝茶吧。"可是我的家在哪儿？

看到街上有人牵着马无事可做，我产生了强烈的骑马的念头，就用刚学的几句西班牙语比画着要骑马，几个墨西哥男人把我扶到马上，走了几步，那种一起一伏的感觉很威风，真想快马加鞭，设想自己在草原上奔驰。这时，突然想起在西来寺修行的一个朋友，据说是一个高僧，可以看到一个人的前三世，出于好奇，不久前，我让他看了一看，没想到他语出惊人，说我前世是玉帝旁的一尊菩萨,因犯了天规,贬到人间成为南美一个大国的公主。谁会相信这些无稽之谈呐。但是现在,我宁愿相信这是真的,我就是赤着脚在林间采花的印加女子,吹着螺号,满头野花。我就生活在那个草原上,赶着一大群牛羊,挥舞着长鞭,红裙飞扬,我爱的男儿把我像花一样从草原上捡起,轻轻地放到他的马背上。

我突然变得神思恍惚,生在中国,住在美国,前世是南美公主,来源又在天上,到底何处是归程,何处是故乡,我骑马走在这个异国的小镇上,乡愁四起。

告别小镇,又在绿野上狂奔,觉得不知身在何处。这片陌生而亲切的土地让如此我着迷,我一定会再回来的。

火烤冰激凌

冰激凌是我喜爱的食物。小时候没有冰激凌，只有一毛钱一支的糖水冰棍，然后又出现了色彩鲜艳的水果冰糕，再到香甜酥软的奶油冰激凌，一次次味觉的提高，享受一次次升级。后来冰激凌也千变万化了，冰激凌蛋糕、冰激凌月饼、冰激凌巧克力，总之，所有的冰激凌总是冷的，遇热会融化，而在墨西哥，我却吃到了火烤的冰激凌。

这是到墨西哥的第二个晚上。在乡间奔走了一天，有点儿累，又吃了很多奇怪的当地食物，怕长胖，决定晚餐不吃了，一个人到酒店旁的海边，选择了一个远离人群的地方，躺在竹篾的凉床上，听潮起潮落。这里真是风水宝地，以前去过的海边总是风浪很大，海水很凉，远远地欣赏一下大海的壮阔，没有近距离接触过。这里是一个热带海湾，这时没有一丝风，早上和夜里一个温度，已经快到晚上九点钟了，穿着薄薄的海滩裙一点儿也不凉，但是，如果穿棉袄也不会觉得热，真正的温暖宜人，让你的身体充分地伸展，尽情放松。

我闭上眼睛倾听，海潮声汹涌澎湃，像置身于暴风雪中。正在遐想，耳边有音乐声传来，睁眼看到不远处点起了篝火。

听说，今天有摇滚乐队表演，我对音乐兴趣不大，虽然从小就装模作样地学琴，但从来没有领略过音乐的真谛，尤其不听摇滚，那对我而言简直是一种噪声。今天无事可做，就远远地认真听起来，歌词是英文和西班牙文混搭的，居然很容易就听懂了，那些反复重复的词句锥子一样往心里钻："劳作，劳作，每一天，每一周，每一年，劳作，劳作，劳作……""请靠近我，靠近我，靠近我舞蹈……请爱上我，爱上我，爱上我。"一句话反复吟唱，一唱三叹，激情而深情，哦，怪不得很多人喜欢摇滚，原来摇滚很有感染力，而且很贴近生活，歌唱的都是底层平民的快乐与忧伤。我也是刚从没完没了的工作中喘了一口气，觉得这些歌声特别贴心。为了简单的生活，不得不拼命工作。人类的生存本来不应该只为了工作，但是，在这个物化的社会，拼命工作，占有更多的物品成了生活的目的，这到底是一种进步还是退化？

我正在胡思乱想，一股巧克力的香味飘过来，我饿了，抵挡不住诱惑，凑了过去。

这时，两个墨西哥男孩，一边随着音乐跳舞，一边发给每人一支蛋糕样的东西，奶白色，像一只小苹果，带着二尺多长的竹柄，男孩提醒着在火上烤一烤才能吃，大家一窝蜂似的围上篝火，火大概太热，柄不够长，一个个把脸侧过去，侧过脸又看不见被烤的东西，大多数蛋糕都着了火，不得不从火

天外的乡愁

中取出来，吹灭火，变成黑炭模样，观察半天，都不置可否地咬起那黑乎乎的东西，欧洲人比较有修养，不轻易丢食物，在餐馆很少看到他们有很多饭菜剩下。看他们龇牙咧嘴咬那黑东西，一口一口地吃完，然后小心地把竹柄投入火里。男孩还在发，第二批的人似乎聪明了，一个加拿大人发明新烤法，头朝地，让蛋糕从胯下伸进火里，这样火不会太烤到脸，大家一阵哄笑之后，都学起他的样子，于是篝火旁一圈儿屁股，摇滚乐演奏得正激烈，一圈儿臀部扭动得也很激烈。都四脚着地，完全失去了人的样子。但这种姿势不容易照顾被烤的东西，全都着火了。

不知道黑东西是否好吃，但散发的香味很诱惑。我也要了一支，这时火已烧尽，只剩下火红的炭，依然很热，令人难以靠近，我侧身把它伸进炭火里，一会儿，拿出来捏一捏，立即明白了怎么回事，他们全错了，这是需要慢烤的，我把它在火里不断翻转，着火之前拿出来，隔半分钟，再伸进去烤，反复几次，蛋糕涨大了一倍，等里面全都变软，外面焦脆，咬了一口，香、甜、绵、软，心都会酥起来。这是正宗的冰激凌的味道，所有的冰激凌都没有这特殊的酥香，美味使所有的语言文字都显得苍白。我敢肯定，今天只有我真正享受到了这美味，其他人都把它糟蹋了。

是谁发明了这种食物，把吃和玩巧妙地揉在一起。

渐渐地,篝火由红变黄,由黄变黑,游客慢慢散去,半圆的月亮更加的清晰明亮。摇滚还在继续,歌声碎片一样不断飘来,"我的快乐不可名状,不可名状……我的忧伤无处躲藏,无处躲藏……"

人类的快乐和痛苦从来都是交织在一起的,人们也总是在快乐与忧伤的纠缠中生生不息。

别样的舞蹈

这是来墨西哥的第四个晚上,明天就要离开了,短暂的假期即将结束,一种淡淡的伤感让我心神不宁,是留恋这世外桃源的日子,还是害怕明天又要继续那繁重的工作。好梦总是太短。吃完了晚饭,我还坐在露天的餐厅里面对着漆黑的大海发呆。可能是我傻呆的样子引起服务人员的注意,他问我为什么不去看表演,我问"什么表演?"

"舞蹈表演。"穿白衬衫的墨西哥男孩有着长睫毛的黑眼睛,"我不喜欢舞蹈表演。"我固执地说。

"今天是专业舞蹈团,很棒的,我带你去。"他很热情,漂亮的眼睛让人难以拒绝,我只好跟着他走了好半天才到剧场,演出已经开始了。

一群穿着怪异服装的演员正卖力地舞蹈着,台下的观众却稀疏几个,一种凄凉的气氛立即笼罩着我,难以描述的不舒服。经济不景气并没有放过这个角落。演员的确很专业,动作很到位,应该是芭蕾舞,有很多足尖的动作,又像是杂技表演,造型很多。先是十个演员一起跳,舞姿轻盈欢快,标准的墨西哥风格。一会儿,众演员渐渐退下,只留下一男一女继续,两人一会儿分开,一会儿缠绵在一起,一会儿若即若离,像是杨丽萍的舞蹈《两棵树》,但树表现的是爱的缠绵,难舍难分,又像是冰上双人舞,但冰舞更和谐流畅,美在轻盈,这里重在造型,女生以各个部位切入男生的身体,从腿上、腰上、肩上、头上、前胸、后背,甚至膝盖和手掌,做出各种造型,在我看来,那似乎表达一种爱的宽容和忍耐,仿佛在诉说着这样的诗句:

男:"我爱你,无论何时何地,无论日子怎样艰难,我爱你不变,我要用我所有的生命,给你整片的天空,让你像花一样尽情开放……"

女:"亲爱的,与你一丁点儿的接触都让我力量无边,我水一样温柔,花一样美丽,山一样坚贞不变……你若把我举在手心,我就能容纳整个世界的快乐和苦难……"

原来舞蹈也有诗一样的语言,以另一种语言震撼人心。裴多菲名诗似乎更适合这支舞:

我愿意是急流/在崎岖的山路上经过/只要我的爱人/是一条小鱼/在我的浪花中/快乐地游来游去/我愿意是荒林/对一阵阵的狂风/勇敢地作战/只要我的爱人是一只小鸟/在我稠密的树枝间做窝,鸣叫……/我愿意是废墟……/我愿意是草屋……/我愿意是云朵/是灰色的破旗……

我默诵着这首诗,欣赏着与这诗一样的舞蹈,很感谢那位服务生,机缘是生命中不可多得的巧合。

一会儿，音乐变得低沉，灯光也转暗，几个怪兽一阵狂舞，把他们活活地分开，女的倒在地上痛苦地呻吟，男的被迫固定在两根布绳上。我最欣赏这绳上的舞蹈，布条有几米长，从地面一直到天花板，他沿着这绳子艰难地攀援，做出各种高难度的造型，倒挂、扭曲、旋转、折叠，鸟一样飞翔，陀螺一样旋转，猴子一样攀援，变形金刚一样随意扭转折叠身体，每一个动作都优美得无可挑剔，每一个动作都让常人不可想象，而且所有的依托只有两根绳子，一点点的疏忽都会有灭顶之灾，这岂止是戴着镣铐的舞蹈，这简直就是十字架上的受难。那两根绳子，就像摆脱不了的命运，为了生存，不得不竭尽全力，拼命挣扎，没有自由，不得喘息。这让我想起几年前在中国的列车上。两个农民工，一个穿着皱巴巴廉价灰西服的中年胖男人，问对面坐着的一个精瘦的年轻男人："老弟在哪里发财？"

瘦男人回答很幽默"蜘蛛人。"

另一个笑一笑："是擦玻璃吧？"

"油漆窗户。"瘦子说。

"危险吗？"胖子问。

"没钱更危险。"

"万一绳子断了怎么办？"胖子关切地问。

瘦子火了，生气地说："老兄，大过年，老说不吉利的话，绳子断了我能怎么办？"

"你可以抓住窗户角呀。"胖子说。

"我右手是刷子,左手是漆桶,用什么抓窗户?"

"你不能把它们丢了?"

"丢下,不那么容易,刷子是我的工作,漆桶是我的饭碗,丢下它们一样不能活。"

"你不要命啦?"胖子吃惊地说。

"这年头,命最不值钱。"瘦子长叹一声,把脸扭向窗外。

此时,再想起这两人的对话,让我沉思良久。工作、饭碗,是一个人的半条命,就像这绳子上的舞蹈,其实,我们每个人都被各种各样有形无形的绳子纠缠着,在不得已的命运中挣扎。

女生一直在地上痉挛,做尽各种痛苦的动作,从身体每个部位到每个指尖,乃至每一块肌肉都在抽搐,所有的动作都在地上完成,一刻也没有离开过地面。这么久地贴地而舞,让人心酸,这让我想起那匍匐着永远抬不起头、直不起腰,在最底层苦苦挣扎的人们,热泪不由自主地流了出来。很少见过像今天这样,几乎每一支舞都是匍匐着上台,滚爬着下台,几天来都是轻歌曼舞,热情欢快,我以为墨西哥是一个不知忧愁的民族,现在才知道,那是我的肤浅,原来他们也有苦难深重的另一面。

大约8分钟之后,男演员攀到了绳子的最高处,触及了天花板,突然轰的一声骤然落下,我的心也跟着掉了下来……他的舞蹈结束了，女生也从地上爬起来，两人都汗流浃背，像从水里刚捞出来一样，台下的掌声经久不息。

每个人以不同的方式感动着。我很在意那最后一个从天花板突然下落的动作，是精疲力尽的最后放弃或是顿悟后的突然释怀呢？

我不懂舞蹈这种艺术的真正含义，我只以自己理解的方式感动着，思考着。

密林幽思

我生长的村庄是一望无际的大平原，平原上人多地少，没有多余的土地用来种树，只在房前屋后种几棵树可以乘凉或做家具用，整个童年没见过真正的树林子。长大后也去过很多地方，见过一些森林，多是松柏之类的小叶林。移居的南加州气候虽然温暖但很干燥，树木很少，大山的背阴面也有一些森林，树木为了保持水分，叶子都生得小，还有一层蜡质膜包裹，没有一点儿苍翠感。关于热带雨林，只在地理课本里读过，西双版纳、神农架从来没去过。我很向往热带的东西，喜欢茂密的攀缘的植物、帘幕一样的藤萝，喜欢大叶子的树，喜欢听雨打芭蕉的声音。所以，一到洛杉矶，我就迷上了椰子树。

这次来的厄瓜多尔属于典型的热带国家，赤道穿过中部，朝思暮想的亚马孙就在不远处。离首都两个小时的地方就有一处雨林，我们叫了一辆出租车开往密林深处。

走进山里，但见满眼苍翠，远山近岭，全被树林覆盖，瀑布、溪流，随处可见。瀑布大的如江河倒挂，小的如珠帘细雨，长的从山顶一直奔流到山谷，短的稍纵即逝，千姿百态，让人目不暇接。想起在北加州的优胜美地有一处瀑布，细若轻纱，美名曰"新娘面纱",非常有名,许多人从全美甚至全世界各地前来观看,多少人在"面纱"下流连忘返,惊叹不已。这里那么多的瀑布却无人问津,不知道该可怜游客还是可怜这瀑布。漫山遍野的树都是阔叶的,大的如象耳朵,小的如米粒,无论大小,全都是张开的、裸露的,不是那些皱着眉的针叶,也没有灰蒙蒙的保护膜,真让人心情舒畅。路上几次要下车进林子看看。司机说危险,有山豹、黑熊、毒蛇等,终于在有游客的地方停了下来。

这林子太茂密了,高大的乔木有的直窜上天,有的九曲回肠,矮小的灌木像裙子一样围在乔木的膝下脚边,从下往上依次是蕨类、棕榈类,依次占据不同高度的空间,地面是草本和苔藓类。很多树干上,都缠绕着各种藤类,藤上垂着各色的花果,密不透风,树皮上满是青苔或地衣,青苔上长着鲜艳的蘑菇,上下空间全占满了,阳光被层层瓜分,到达地面的所剩无几。都说山区闭塞,树林更让人与世隔绝,几十米之外什么也看不到。大自然是神奇的,就像这林子,有高就有低,有直就有曲,有的在高处攀登,有的在低处匍匐,有的在中间困苦,有的干脆就寄生在别人身上,生存的竞争随处可见。

我找一处横着的粗藤,坐在上面晃悠,看到蝴蝶在花朵间飞来飞去,拇指大的蜂鸟一刻也不安宁,山鸡一样大的美洲鹦鹉红头翠尾,非常鲜艳,警觉地跳来跳去。眼看着一只肥大的青虫被一群蚂蚁活活咬死，蜥蜴躲在角落里不停地捕食路过的昆虫，动物之间的生存竞争比植物之间更明显更残酷。一只工蜂一刻不停地劳动，他们不能繁衍后代，也没有爱情，随时准备为蜂群战斗捐躯，为了蜂群的利益终生劳作，这样的生存意义何在？

正想着，前面出现了一队游客，跟着别人的导游，我看到了猴子。这些猴子或端坐或觅食，母猴子亲切地把小猴子抱在怀里，半大的猴子最忙碌，一刻不停地跳跃、攀爬、倒挂。成年的公猴子只有一个，据说是首领，它有好几个妻妾，这一片都是它的领地。导游说一个领地内只有一个公猴子，小公猴子成年后也被赶出领地，被赶走的公猴子只能离群索居，不敢贸然进入，直到有一天，强大起来，打败其他公猴，然后占有它的领地，原来所有的母猴及小猴全部归它所有，被打败的公猴子黯然离去，再也不能在领地出现。猴子不同的领地之间经常会有争斗，也经常地走亲访友。看着那猴王端坐树枝，俯视他王国里的每一个成员，一副君临天下的神态，我觉得和人类很相像。印第安人也是以部落为单位生活的，部落与部落之间常有战争，而且很残酷。他们头上鲜艳的鹦鹉毛就是杀人后的奖赏。印第安人英勇善战，常把敌人的头砍下，血淋淋地背回自己的部落。后来，他们学会了把骨头取下来，头皮经过特殊处理，皱缩成拳头大的人头，头发五官栩栩如生，嘴巴用线缝起来，存放百年也不会变形。我在博物馆里就看到过真的样本。

　　林子里有一间印第安小屋，用木棍竖立成圆形作为墙，把芭蕉叶放在上面做屋顶，房子的正中有几块石头，石头上放着一口熏得漆黑的陶罐锅，两根木柱中间有一张麻绳编成的吊床，吊床边吊着一小布袋玉米，墙上挂着一张弓，还有数枚箭头，这就是全部的家当了。有的茅屋里有竹子做的排箫、羊皮做的鼓，他们渴了有洁净的山泉，饿了有满树的野果、甜蜜的野甘蔗，高兴时用弓箭猎杀一只野猪，或梅花鹿，架在松枝上烤熟，用兽皮做衣服，树叶编草裙，得来全不费工夫，还可以敲鼓、吹箫，他们没有升学的压力，没有失业的烦忧，不担心房贷到期，不知道有经济危机，看起来无忧无虑，生活很是惬意。但是，这里也不是伊甸园，他们要担心猛兽的入侵，森林发生火灾，被蚊虫叮，被毒蛇咬，瘟疫流行，其他部落的入侵，衰老和生病的人在部落的迁徙中会被留下，任其自生自灭，自然也是无情的。这使我想起前一段时间在圣地亚哥的野生动物园里看到的情景，这里的动物属于半自然生活状态，给它们一个自然的环境，让它们自己寻找食物。我看到很多动物，如牛羊马鹿，鼠兔龟鸟，它们时时刻刻都在忙忙碌碌地吃东西或寻找东西吃，眼睛不停地观察四周，耳朵时常竖起来倾听。只有那两头狮子四仰八叉地躺在一辆废弃的汽车顶上，呼呼大睡，无论是车、人还是其他动物经过，它们一概不理。我不禁感叹起来，狮子吃肉，吃饱一顿几天可以不进食，剩下的时间就可以逍遥自在，又没有其他的天敌，所以睡得踏实、香甜。那些食草动物，因草的营养贫乏，整天处于饥饿状态，不仅终日寻找食物，而且时刻处于警觉状态，躲避那些掠食者。物种尚有弱肉强食，人间也有高低上下。那些最底层的工人在流水线上不停地作业，农民在田野里挥汗如雨，管理人员却在有空调的办公室内喝茶看报发号施令，真正的有钱人逍遥自在、无忧无虑，像那只吃饱了的狮子。

突然有人喊有蛇，我一下惊跳起来，我最怕蛇，看来我是不能在林间生存的。印第安人是最尊重自然的民族，一直与自然和谐相处，但还是遭到了灭顶之灾。

现代人个个谈回归自然，但谁又能真的回去呢。

印第安集市

有的朋友说我趣味低级，他们说得不错，我就是喜欢逛廉价商场，买廉价东西。在美国，周末的时候，总是有些人家打开车库门，把一些不再用的东西搬出来，或是要搬家了，把一些不想带走的东西，摆在车库及门前的草地上拍卖，价格非常便宜。我看到花花绿绿的一院子，就兴奋起来，若没有特别紧急的事情，一定停车逛一逛。摸一摸人家用过的家具，翻一翻人家读旧了的书本，还有孩子的玩具、男人的车船渔具、女人的厨具、衣帽鞋子、瓷器花瓶、工艺品、小摆设等。看中的买上一件两件，极便宜，就像送的一样。从这一院子的东西，你就能判断这家的生活状况、情趣爱好、经济状况，甚至隐私。我常常去逛跳蚤市场，这市场是流动的，经常改变地方，所以叫跳蚤市场。一周一次，棚子都是临时搭起来的，卖的吃穿用具、杂货五金、古董旧货，摆得满天满地，我每次都逛得兴致勃勃。

早听说厄瓜多尔的印第安市场很有趣，所以到达的第二天，就迫不及待地去逛。但因头天到的很晚，第二天一直睡到下午，不知道距离集市有两个多小时的路程，匆匆包了一辆出租车，一路颠簸，又堵车，到达集市已五点多钟了，又下着小雨，几条街已经空了，人大半都散了，稀落的一些人，一看就知道是游客。只是欧美的游客喜欢到这里猎奇，中国人的脚步还很少到这里。大多数游客都只看，很少真的买，这些老练的游客到处浪迹，买来的东西会成为负担。我旅游的资历浅薄，看什么都新鲜，什么都想买，大刀阔斧地砍价，觉得印第安人老实，时间又紧迫，砍完价就走，没想到同行的老美在后面收摊子，把我讲好价钱的都买了下来，我吃惊得目瞪口呆，他还兴高采烈地告诉我："我看你忙不过来，我帮你都收下了，真的很便宜，你很会讨价还价呀。"我还能说什么？

大部分的人都在收摊子，有的已经完全收工了，背起一个比身体大几倍的包袱走了，我很心疼，仿佛他们背走的是我的东西。我一路小跑逛着，这个市场的确很大，方圆有十多里路，一个不大的镇子都布满了。只是散了，我估计不出本来的规模。

动物市场已经散尽了，人们有的牵着牛马骆驼，有的赶着一群的猪羊，分不出是买的或是卖的。我看到一个妇女背上背着熟睡的孩子，左手臂弯里一只鸡，右边臂弯里一只鸭，全都在她的披肩下孩子似的露着小头，不知是买来的还是卖剩的。有一个牵着绵羊的印第安女子披着鲜红的披肩，披肩下一左一右护着两只羊驼，所谓羊驼，就是脸长得像羊，身子长得像骆驼，这种动物的毛叫羊驼绒，质地优良，成了厄瓜多尔的标志性动物，到处都是。这女子把羊驼珍爱地放在她的披肩下免于淋雨。最有趣的是一个骑驴的小女孩，五六岁的样子，鲜红的三角披肩，碧绿的裙子，白色的巴拿马帽下一张灿烂的笑脸。驴子背上是一条鲜艳的毛毯，毛毯上挂满了东西，包在塑料袋里的一袋苹果，一串葡萄，一袋玉米，一篮面包，一只鸡，一块肉，一瓶酒，还有一束玫瑰花。好家伙，满载而归，全部家当都在上面了。

卖粮食蔬菜的还没有散尽，摊子上堆积如山，刚从树上摘下的香蕉，一把有几十斤重。椰子也是新鲜的，当场破开。苹果、橘子、葡萄、花瓜……有一种从来没见过，是树生的西红柿，像柿子又像西红柿，可惜没有机会尝一尝是什么味道。所有的蔬果个头都不大，颜色也不鲜艳，灰头土脸的样子，看样子是有机的，少上化肥的缘故吧。卖豆的妇女还在安详地剥着豆子，面前摆着十几个盆子，装着不同的豆子，有的品种真没见过，没好意思问，问也没有结果，他们说的话我能听懂吗？拍下照片以后再研究吧，她们看到我照相，什么也不说，只是轻轻地侧过脸去。

漫无目的地终于逛到了服装和工艺品区，一走进去，我就被色彩的河流镇住了。红黄蓝绿各种原色直接上场，鲜艳夺目，彩虹一般。这是一片开放的有顶棚的区域，不怕下雨，收得晚。每家都用色彩鲜艳的毯子做帷幕，摊子多得像层层帷幕，曲曲折折，迷宫一般。多是印第安传统服饰，帽子、披肩、蹦裘、绣花白上衣、彩色腰带、彩条的毛衣。女式的衣服在领口都有绣花，边缘都垂着流苏。扎头发的头绳五彩斑斓，各类围巾更是尽显色彩。手绣的女式拎包，色彩鲜得可以流动，花朵随时可以跳出来。首饰都是石头、木质和玻璃的，有手镯、项链、耳环，摆挂得铺天盖地。也有小巧的彩陶、木器，艳丽的版画、羽毛画，象牙果雕刻的各类小玩意。

我最感兴趣的是他们手织的毯子，都是手工制作，有竖的和横的两种，竖的一两尺宽，一丈多长，绣满了密密麻麻的花朵、草木，艳若流霞，不知道怎么用。横幅的我很喜欢，尺寸大小不一，线是手工纺织的粗线，花纹是自己设计的，他们很会配色，虽然色彩艳丽，但有基本的色调，有红色调的，就在红色和靠近红的暖色彩里做文章，绿色调在冷色里做文章，有赤橙黄绿各种色调。内容都是描述他们的日常生活，有纺织、打猎、孩子嬉戏、节日庆祝、田间劳作等，背景有的是雪山（厄瓜多尔有两座高大的活火山，山头终年白雪覆盖）、牧场，有的是房屋庭院、田野湖泊。不管是人物、风景，都古拙质朴，像是幼儿园大班孩子的涂鸦，简单写意，生动传神，又像是高明的印象派的绘画，高深莫测。要知道这不是画出来的，也不是印出来的，是用彩线织出来的。看着一块块艳丽的毯子，心里很感动，他们花费了多少心血？这里面仿佛有着他们的体温情感，他们的喜怒哀乐。这些毯子不仅可以御寒，还可以像画一样挂在墙上作装饰。

还有一种毯子是羊驼皮毛的，他们用不同颜色的羊驼的毛皮，剪成不一样的形状，再缝在一起做成画，一律的原色，不加任何染色和处理，或纯白的底色，棕色的图像，或棕色的底上黑白色的图案。皮毛极其柔软、丰厚，图画很生动、简约、自然传神。大的可铺一张床，小的像一本书的大小，最大的也不到一百美元，太物有所值了，直到现在，都后悔买少了，非常感谢我那多事的朋友替我抢购了几片。

很多人高价搜集名人字画，我不懂，花那么多钱买一张画值吗。现在我明白了，一个毯子要花多少工夫，剪羊毛、纺毛线、染色、设计花样，一根根花色不同的线均匀地排在手工的织布机上，精心地纺织每一片花纹、每一个图案。在这个过程中，也许要经过寒暑春夏，多少日落月升，期间多少曲折的故事，多少鲜活的情感都织进了这些毯子里，藏在那纹理里永远也不会消失。据说，织毯子的大多是年轻的女子，这里面有她们的青春爱情和对生活的憧憬。我手摸它们，似有心跳的声音、情感的波动。这些都有着不可估量的价值，何况那些大师、天才的旷世之作呢。

直到所有的棚子都拆尽了，所有的人都走散了，天色也黑了下来，我还舍不得离开，我觉得这块空地上仍然有不散的灵魂，到处流淌着鲜活的生命。

　　真想留在小镇上过夜，好明天接着逛，但司机和朋友都在催。

　　相见时难别亦难，我什么时候能再回来？

印第安人剪影

从洛杉矶到厄瓜多尔没有直达的飞机,要先花上五个小时到佛罗里达州的迈阿密,再从迈阿密飞三个小时才到厄瓜多尔的首都基多。没想到在机场通关竟然通了三个半小时,这样一折腾,到酒店就凌晨三点了。一口气睡到十二点,起来后慢悠悠地吃了午饭,已是下午两点了。突然想起今天是星期六,是印第安人赶大集的日子,慌忙雇了一辆出租车直奔集市。

集市距离郊外两个小时的车程,但路况很差,一路上堵车,颠簸,下雨,后来竟然昏昏沉沉地睡去了。直到司机喊了一声"到了",我突然惊醒,第一眼看到的是一只洁白的袖子,这是雪白的有着蕾丝荷叶边的喇叭口袖子,荷叶的边缘是一圈的五彩手绣的花朵,那花朵在我朦胧的睡眼里鲜艳地晃动着。我一下子惊醒了,顺着棕色浑圆的胳膊往下看,小臂绕着几圈叮当的手镯,往上看,圆润的脖子上,绣花的低胸的领口上,堆砌了好几层金色的串珠,腰间是两寸宽的五彩绣花腰带,下面一条过膝的深蓝色的开衩的裹裙,背上白色的布兜里是一个熟睡的婴儿。再看集市上的人,只要是印第安人,无论男女老少,个个戴一顶宽檐的巴拿马帽,男的帽子下是一律的鞭裘,就是两块布缝在一起，中间开口，露出一个V形的洞，头从洞里进去。质地多是粗厚的羊驼毛，既可以当衣服穿，晚上又可以当毯子盖，如果骑在马背上，看起来相当潇洒。这里女的无论老少，一律白色的无领低胸绣花上衣，外罩鲜艳的各色披肩，一枚大大的胸针在胸前一别，也很优美。这披肩可以御寒、包东西，又可以背小孩，功能齐全，下面永远是裙子，即使在田里干活，女的也永远是披肩、裙子。

以前在电影里、画报里看到的印第安人，总是头插鸟羽，身穿兽皮，脸上涂着红红绿绿的颜色，凶悍原始，野兽一般。其实生活中的印第安人及其种族与别的民族没有区别。我很愿意相信他们是从亚洲大陆通过白令海峡过来的古中国人。根本不需要复杂的考证，因为他们明显的有一张亚洲人扁平的脸，平坦的五官，黑头发，身上没有多余的毛发，喜欢艳丽的色彩，衣服的条纹、图案，以及发辫的编结方法都与我国的藏族人、蒙古族人很相像。不同的是，肤色深，鼻子略扁，眼睛大，每个年轻女子都有一双秋水般的大眼睛。他们看起来性情温和，和他们讨价还价时，无论你怎样压低价格，他们都不会生气，只是羞涩地说"no"。当年，哥伦布的报告里也称赞他们善良，勇敢，热情好客，性格温厚，道德高尚。他们英勇善战，刚毅不屈，印加帝国的消失是西班牙人灭绝人性地杀戮的结果，但也是印加人绝不屈服拼死抵抗的结果。当时，西班牙军队骑

着战马,身穿金属的盔甲,而印第安人只有弓箭和半裸的身体,马这种高大威猛的动物,他们从来没见过。

在厄瓜多尔,纯种的印第安人只占百分之三十多,百分之六十以上是印第安西班牙混血人。一方水土养一方人,同是印欧混血,厄瓜多尔人不同于墨西哥人,也不同于秘鲁人,即使厄国本土印第安人,不同的部落也有明显的差别。同是披肩、裙子,不同地区的人也不一样。首都附近的人的色彩较素静,内地人的色彩艳丽。海边我没去,应该也略有不同吧。

开始不觉得这种衣服有什么特别的美感,甚至觉得太原始、太粗糙。经过印第安社区,经常看到披着鲜艳的披肩,穿着条纹复杂的裙子的女子,巴拿马帽下线条柔和的脸上神情单纯,披肩与裙子晃动的腰际,有一种质朴健壮的动态美感,线条简洁的帽子、三角形的披肩、梯形的裙子,只几笔就能传神地勾画出来剪影画。鲜艳的色彩在苍翠的山野背景下极有装饰美。当我看到一红披肩,绿裙子,左手牵一只毛驴,右手牵一同样披肩裙子的孩子,孩子后面跟着几头毛茸茸的羊驼,在远远的雪山和辽阔的玉米地的背景下,简直是一幅绝美的风俗画。我兴奋地喊了起来,这画里的女人、小孩、羊驼,一起朝我看,一律的憨憨的神态,有一种超凡脱俗的美。

后来,我真在画里和他们手织的挂毯上看到了这样的场景。背景要么是火山,要么是玉米地,要么是碧绿的牧场,身穿蹦裘或披肩的人，大多是采取背影，或站或坐或歌或舞或在田间劳动，洋溢着质朴的生活气息，几块颜色、几个几何图形就很传神地表现出来了，机场的壁画仅用几块彩色，雕塑就是几块铁板，就能塑造出动人的印第安风情。

　　我一边欣赏一边想，我把他们简单的生活作为美来欣赏是不是有点儿残酷。就像过去，有很多西方人看了张艺谋导演的电影，认为中国就是电影中那种贫困落后的样子，质朴原始。我看到过一幅画，一个头戴褐色宽檐帽，身披浅黄披肩，拖着齐腰的辫子的女子，背景是黑灰色的茅草屋，身边是一条毛茸茸的大黄狗，这画面美得让人想入非非，质朴、简单、和谐、宁静，涤荡了心中所有的物欲杂念。看来美和物质生活有时是冲突的。过去的印第安人喜欢用粗制的陶罐、石头的锅碗、粗大的木勺。再看他们用原生木棍围城一个数平方米的圆形，上面搭上芭蕉叶的房子，简单的几根麻绳结成的吊床，屋子中间用麻布袋吊起的一袋玉米，那就是全部的家当了。难道在这种宁静质朴的背后，看不出生活的艰辛吗？

　　事实上，印第安人早就被边缘化了，传统的生活一天天在缩小。想到印第安人，这个热情善良道德高尚的民族，几个世纪以来的被杀戮，被欺骗，被奴役的血泪史，我真不能对他们的生活报以欣赏的态度了。在美国，印第安人早已被同化了，在拉斯维加斯看到的印第安人，要么西装革履，要么一身休闲，只在印第安人保留区，才看到传统服饰的印第安人在贩卖手工艺品。南美洲许多国家纯种的印第安人也正在逐年减少。事实上，在西班牙入侵的时候，他们的社会形态还处在原始社会向奴隶社会的过渡阶段，他们的私有财产不多，男人最大的财富是能力最强的猎手。黄金的大量开采是用于装饰的，他们最敬拜的是太阳神，黄金是太阳神的象征，贝壳才是他们偶尔使用的货币。我们对黄金的那种狂热，在他们眼里一定荒唐可笑，也就是对黄金的藐视，才让他们遭到灭顶之灾，也就是他们的坚强不屈，导致了侵略者对他们灭绝种族的杀戮，然后到非洲抢掠较为温顺的黑人做他们的奴隶。

现在，偏远地区的印第安人仍在固守他们简单的生活方式，坚持他们缓慢的生活节奏。记得几年前，我在墨西哥买的一件印第安样式的毛线衫，和现在市场里卖的一模一样，现在的服装市场瞬息万变，这里却保持着千年不变的姿态。看着鲜艳满目的印第安市场，看着青山绿水的印第安社区，感情复杂。

落后就要挨打，印第安人要传统还是要发展？

失落的玫瑰

我有个朋友，在厄瓜多尔有一片咖啡园，经常往返于美国与厄瓜多尔，很了解那里。他经常在网上发一些关于厄瓜多尔的信息给我。常说厄国的气候如何宜人，民风如何淳朴，物产如何丰富之类，都没有引起我的重视。终于有一天，他喋喋不休地说起了那里的玫瑰，这一下子击中了我的要害，我终于动心了。

他说厄瓜多尔盛产玫瑰，漫山遍野都是玫瑰，而且花大色艳，美国花市的大部分玫瑰都是从那里空运过来的。玫瑰是我的最爱，为追求玫瑰，我到过许多地方，私下认为英国的玫瑰最美，因为英国干净整洁，图案美丽的庭院很适合气质高雅的玫瑰。日本的玫瑰园也很美，但日本人的气质与玫瑰花很不般配。加州的玫瑰，花大色艳，四季常开，香气宜人。厄瓜多尔的玫瑰会怎样哪？也有着热带的风情吗？我一遍遍地想象着热带玫瑰的样子，一遍遍地设想着该穿什么样的衣服，照相时该摆什么样的姿势。

到了厄瓜多尔的机场，第一眼就看到了一个巨大的玫瑰花瓶，插有上百朵的玫瑰，真不愧是玫瑰之乡。

天外的乡愁
Tian Wai De Xiang Chou

那天夜里,我做了一夜的玫瑰梦,第二天一早,就吵着去看玫瑰。同行的朋友说,他真的见过满山坡的玫瑰,印象中不在基多,好像是在另一个城市——昆卡。我暂时安定了情绪,去逛了印第安市场和热带雨林。第三天再也按捺不住了,决意去昆卡。一路上一直趴在飞机的窗口上,希望能看到大片的玫瑰,但好像没有。

一下车,刚住进旅馆,就打听玫瑰的事,问街上的出租车司机,朋友会一点儿西班牙语,指手画脚的半天,搞定了。25美元送我们去,包来回。我高兴极了,一路欢歌,没想到在一个动物园的门口,停了下来,又很长一段时间的鸡鸭对话了半天,终于又回到了旅馆,看来朋友的西班牙语不好用。我就向酒店的前台小姐打听玫瑰,前台小姐英文流利,她若有所思地写下了一个地址,我如获至宝,看来这一次稳妥了。

第二天,天气出奇的好,高原上阳光灿烂,司机的英文也很流利,一路青山绿水,还意外地看到了一片片的野生兰花。不久,出租车在一个兰花园门前停了下来,我觉得有些不妙,兰花园里工作人员出来说,我们这里只有兰花,兰花是最美的,世界各地的人都到我们这里看兰花。我说我是来看玫瑰的,她写了一张纸条,让我到园里去找一个人,说也许他能帮我。我找到这个人,他却带我们参观了兰花。朋友告诉我,也许看完兰花就看玫瑰了。兰花的确很美,但我满心思都是玫瑰。

我一再告诉这个兰花导游我想看玫瑰,他看起来面有难色,他说你们说的可能是几年前的情况,现在的玫瑰都种在大棚里了。我一阵心慌,玫瑰怎么也养在大棚里了?我们吃大棚里的蔬菜、大棚里的水果,连玫瑰也不放过,玫瑰开在这赤道高原的原野上才有生命力,才动人,我跋涉万里,难道要看棚里尺方天地里苍白的玫瑰吗?导游司机朋友都劝我,导游说他真的不知道哪里还有露天的玫瑰田。朋友说"玫瑰大概怕太多的紫外线吧",这怎么可能?厄瓜多尔的玫瑰,就是因为这里直射的阳光,才开得又大又美,存放的时间又长,怎么会怕紫外线?我被他的愚蠢激怒了。司机也安慰说,要不然我们再到别处看看,我知道,他是为了拉生意,更生气了,忍了半天没有发作。

没有了玫瑰,在昆卡还有什么意义?就临时改变主意去火山温泉度假村,厄瓜多尔的境内有许多火山,要去的有温泉的火山还在不停地冒热气,温泉都是自然的。一路上,司机极力夸耀着他们的国家如何美好,他们的储量丰富的石油,他们的新鲜的海产,他们的旅游资源、免费义务教育、低失业率,当然还有他们的玫瑰花。我没好气,不理他,我不相信,看到印第安社区那低矮的小屋,能富裕到哪里去,而玫瑰花连影子也没看到。

晚上到了度假村,附设的酒店看起来很高档,但服务员不会英文,我们要一瓶葡萄酒,她拿来了啤酒,说不对要换一个,她又拿来白兰地。整个酒店就两桌人，另一桌的人看不下去，就帮我们。其中一个穿蓝色T恤的中年男人，看起来器宇不凡，一问才知道他是某美国著名的电脑公司的总设计师，有很高的级别，经常往返于美国与上海之间。他出生在厄瓜多尔，毕业于美国哈佛大学。我问他玫瑰的事，他说，现在的玫瑰不得不养在大棚里，因为玫瑰花的色、香，吃玫瑰花的昆虫太多，被咬的玫瑰很不好看，花农用了大量的农药，导致土壤污染，严重危及了玫瑰从业者的健康。养在大棚里，不仅避免了昆虫的叮咬，而且温度、光线都是电脑严格的控制下，高产、稳产、无污染。

这么说，我的怨怒平息了不少，无污染是最重要的。看来露天玫瑰一定看不到了，能看一看大棚里的玫瑰也可聊以自慰。于是又着急地去看玫瑰棚。司机带我们在闭塞的农村，在高低不平的村道上颠簸了很久，终于在一个大门紧闭的地方停下来，黑色的铁皮门一角有个两平方尺的小窗户。我们说明了来意，看门人通报说经理忙，不理我们，我们只好悻悻地走开。又颠簸了很远，见到好几处的深宅大院，说也是种玫瑰的，围绕着玫瑰色的高墙转了几圈，找到了门，也是紧紧关闭着。看门人找经理，经理又找老板，最后还是决定不让我们进去，给再多的钱也不让看。印第安人的倔强又在这里表现出来了，虽然他们不再是纯种的印第安人，但都有印第安基因。我看着深红的高大的院墙，突然两脚发软，很是委屈，想大哭一场。就想看一眼玫瑰，就这样重重阻隔，本来应该长在山野，开在寻常百姓家的玫瑰，怎么又成了"旧时王谢堂前燕"？

这么一折腾，我突然想起在厄国折腾了一个多礼拜了，山野的玫瑰见不到，大棚里的玫瑰没见到，怎么大街小巷、广场、公园也没看到？甚至这玫瑰之乡的庭院篱笆，房前屋后也见不到玫瑰，哪怕是一棵也可以。就忍不住问司机，司机说以前种的，有人折，后来就不种了，这司机太爱国了，耍滑头，他总是避重就轻，我不认为这是理由。

我百思不得其解，咕咕哝哝地抱怨。

我的朋友突然变得聪明起来，他说"卖鞋子的人总是穿有洞的鞋子"。我一下子明白了，中国也有这样的谚语——"卖鞋的汉子赤脚走，卖油的婆娘水擦头"。玫瑰这种纯属精神的东西，不能像玉米羊驼一样被重视，当野生状态的玫瑰当作商品被出卖以后，就失去了野生的自由。就像当年漫山遍野的野玉米，野甘蔗都不复存在了。这里的人们只知道玫瑰可以卖钱，还不知道用玫瑰来美化他们的生存环境。他们虽然纺织了美丽的毯子、绣花的衣裙，还有各种各样的首饰，但对玫瑰这种纯精神之品还不知道如何处置。

可怜的我，在玫瑰之国看不到玫瑰。

可怜的玫瑰，在玫瑰之国里失落。

摇曳的玉米

因为生在乡下的缘故,对土地总是充满深情,每到一个国家或地方总是不忘记到乡间走访。来厄瓜多尔的第二天就去了乡下。这里地处热带,赤道横穿中部,一年四季常绿。厄瓜多尔目前还是个农业为主体的国家,土地很受重视,丘陵山坡都被开垦了,从山脚直到山顶,农田、牧场连绵不断。牧场与牧场之间是用尤加利树分割,形成大小不一、形状各异的牧场,很有图案美。我总认为爱尔兰的乡间是世界上最美的,没想到这里更美。爱尔兰的乡间也是绿茵如画,看不到一点儿土色,但多是平原或低矮的丘陵,田园牧场起伏逶迤,极其秀丽。这里是高原山地,山很高,但形状缓和,土层丰厚,从雾气轻岚的山谷到白云缭绕的山顶布满了田野和牧场,山腰一圈图案美丽的梯田像女人的裙裾。这样从天到地又从地到天,绵延几百里,气势磅礴,很是壮观。据说,都是当地人用手工开垦的,看来人的力量还是很伟大的。放眼见到最多的农作物是玉米。有已经成熟的收获过的泛黄的玉米地,有刚刚破土不久的幼苗,最多的是苍翠的一人高的小树林般的玉米林。我来厄国主要的原因是玫瑰花,听说这里是鲜花之国,美国花市大部分的玫瑰都是从这里空运过去的,心想一定家家种玫瑰,到处玫瑰盛开,没想到,随处可见的却是玉米。

玉米是自小熟悉的作物,我很喜欢吃玉米棒、爆米花,因为当时的玉米比起红薯,产量不高,所以种植不多,只在田埂、地头种几棵,新鲜的水煮或清蒸的玉米棒子是美味的小食,黄澄澄的玉米饼子也很好吃,掰下的玉米粒被奶奶珍贵地储藏在特别的陶器里,等走街串巷的做爆米花的来了,取出一碗就能爆出一大篮子香喷喷的爆米花,可以享受十天半月的美味零食,对我来说,玉米是一种珍贵的记忆。

中国是以稻谷为主的国家,玉米是四百年前随着哥伦布的脚步从美洲传到中国的,后来慈禧太后吃后很喜欢,就赐名"御米",后来就演变成了玉米。玉米的确无愧于玉米这个名字,晶莹如玉,灿烂若金。厄瓜多尔的玉米更是五彩斑斓,有红的、紫色的、深蓝的、墨绿的、银红的,晶莹如珍珠,灿烂若宝石。

厄瓜多尔是玉米的原产地之一,四五千年前,这里的玛雅人就开始种玉米了,从指头大的野玉米培养出现在的一尺多长的玉米,古印第安人做出了巨大的贡献。目前,玉米仍是世界上第三大粮食作物,玉米养育了整个美洲大陆。这里的人对玉米视若神灵,认为是神用玉米制造了他们,自称玉米人。玛雅人的太阳历中就是以太阳的位置和玉米的种植,将一年划分成九个节气。著名的南美作家,诺贝尔文学奖获得者的作品名字就是《玉米人》。他们用玉米作壁画,诗歌里常常出现玉米的意象,我在圣庙里专门看了玉米神,头上顶着三只巨大的玉米穗。每到玉米收获的季节,他们用玉米搭成神龛,上面摆满各种玉米,人们手提熏香,围着唱歌、跳舞,将鸡血和甘蔗酒洒在玉米地的中央,以感谢神灵的赐予。

在西班牙人把豆类传入之前,除了零星的薯类,玉米是他们唯一的庄稼,直到现在,玉米仍是他们的主食。玉米饼、玉米粥、玉米饺子、玉米粽子,大街上的小吃,最多的是烤玉米。如果你到饭店里点菜,无论如何也避不开玉米,色拉里拌玉米粒,汤里有玉米,菜里的配料有玉米,在点的饭菜没有上来之前,服务员一定端出一盘牛油炸的玉米薄片做成的点心,形状很像我家乡的巧果(俗称麻叶子),香脆可口,配上一碟辣椒、西红柿、洋葱做成的调料,鲜香爽口。

许多生活用品是用玉米秸做的,如篓子、花篮、水果盘,许多手工艺品是用玉米皮做的,如玉米娃娃、玉米皮手提包……我最喜欢的是玉米皮染色后做成的各色玫瑰花,其形其色可以乱真。

中国是稻米文明的国家,"米"字充满生活的各个角落,文化里流淌着稻米的血液,"稻香楼""麦浪阁"之类的雅称随处可见,我不熟悉南美文学,不知道有没有关于玉米的类似的字眼。然而,在这里,我才真正感觉到玉米的美,不仅那灿若繁星的玉米粒,生长着的玉米枝肥叶大,高大茂密像小树林,宽大油绿的叶子，有芭蕉的神气，亭亭的身影，错落的叶子如身穿草裙的舞女。紫红的玉米须如印第安女子披肩上的流苏，热带雨打在宽大的叶子上飞珠溅玉，风中的玉米更婀娜多姿，玉米生长迅速，仿佛能听到拔节的声音，那种蓬勃的生命力，那火辣的葳蕤的热带气息，玉米的美在这里才充分体现出来了。传说中，玉米由一位美丽的神女变化而成，的确，当身着红披肩碧罗裙的印第安少女，从碧绿的玉米地里款款走来，真让人惊艳为天人。

那房前屋后的油绿的玉米烘托出的红顶的农家小院，很有情调。玉米地边缘常有体型小巧的棕色的小猪在拱地，神态憨厚的羊驼在吃草，头戴巴拿马帽的印第安小孩在嬉戏，真是一幅美丽的画。我住的旅馆在老城的中心地带，没想到巴掌大的后院里竟然种着玉米，看来他们种这玉米一定不是为了吃，而是一种千回百转的玉米情结。欧洲是小麦文化，中国是稻米文化，南美是玉米文化，各种各样的纪念馆、博物馆，都摆设着玉米。印加废墟的复原图里，有图案美丽的玉米梯田。玉米不单是食物，更是一种图腾般的、一种深入民族内心深处的美的意象。

离开时买纪念品，千挑万选买了一件小小的手工艺品，就是一群印第安孩子在玉米地里嬉戏的木版画。

当飞机离开首都机场，在郊外的玉米阡陌中盘旋时，我依依不舍地向他们挥手，别了，摇曳的玉米。

第 4 篇

乡 情
XiangQing

故乡的冬天

第一杯苦水

青蛙妈妈

酒人

上学的故事

胭脂情

故乡的泡桐树

寂寞的柿子树

哭叔父

那一片红薯地

故乡的冬天

南加州洛杉矶的气候，夏天炎热干燥，冬天却温润宜人，最多一件薄绒线衫就可以过冬了，完全没有冬天的样，在这里住久了，就开始想念家乡，想念那个遥远的乡村。现在的家乡已经生活富足，改变巨大，但我依然难忘那个童年的家乡，尤其是那些寒冷的冬季。

故乡地处中原，真正四季分明，春夏秋冬各占三个月，有条不紊，该降雨时降雨，该刮风时有风，大多数年头风调雨顺，完全靠天吃饭，所以人烟稠密，地少人多，童年的家乡，人们生活贫困，冬天的寒冷最让人刻骨难忘。北方的冬天，虽然寒冷，但家家有热炕、火炉、烈酒，冬天也是很温馨的。南方的冬天，冷是菲薄的，一只"红泥小火炉"就能驱走寒气。故乡的冬天，冷是结结实实的，零下十几度是常有的事，我不知道为什么家乡的冬天总是赤裸裸的，没有热炕，没有火炉，一点对抗的措施都没有。是因为贫穷缺乏燃料？还是别的原因？

记得每年冬天来临时，总会有一天夜里，西北风整夜地怒号，第二天，所有的树叶全部冻落，家乡人说是下酷霜了，田野仅存的庄稼是晚茬的红薯，翠绿的叶子一夜间全部变成木耳的黑色，整个的村庄一下子萧索起来，严冬正式登场了。

本来平原上就缺少景色，现在更加荒凉。太阳素白起来，早晨迟迟不见踪影，中午露一会儿脸就不见了。青灰色的天际，远看一缕稀疏的棕色的光秃的树林，那就是乡村全部的风景了。近看，那泡桐树枝丫疏朗，老桑树纹理清晰，筋骨遒劲，白杨树上的老鸦窝凸显了出来。黑衣的乌鸦呱呱地叫着，田埂上弯弯曲曲的土路显得更加苍白，这是淡得不能再淡的水墨画，只有越冬的小麦有一点柔媚的绿意。村里散落着低矮的房子，黄泥的墙，屋顶多是茅草的或茅草的四周压上一圈黑灰的老瓦，茅草总是陈旧的，瓦也总是破烂的，冬天里屋脊上的瓦楞草也枯了，在冷风里瑟瑟抖动着。泥抹的墙壁都裂着缝，泥缝里藏着隔年的落叶，风一吹，那落叶在泥缝里打着旋儿。村里的大人总穿着或蓝或黑的棉袄，走路低着头，弓着背，双手拢在窄窄的袖子里，半截粗糙手臂却露在外边。小孩子的脸个个都是紫红色的，流着擦不完的鼻涕。

乡里是上早学的，天不亮就要起床了。当鸡不停地乱啼，窗户微明的时候，奶奶就叫我起床上学。仿佛被窝刚刚捂热，手臂一离开被子就透骨的冷，棉衣铁一样凉，伸进去像掉进冰窟窿，立即浑身打冷战，于是，又钻进被窝里哭起来。奶奶就起来，抓一把柴火在床前点燃，把棉衣棉裤在火上烤一烤，我才不情愿地快速跳进棉衣棉裤里，背上书包去学校。户外天还铁青着脸，清冷的月亮发着朦胧的光，树梢咯吱咯吱地敲打着冻硬了的天空。我脚上是桐油的棉鞋，硬邦邦的，那是母亲为了防潮在鞋底和鞋帮上涂上了桐油，一接触地就叮咚叮咚地空响。家家户户的屋脊上、树梢上，都覆盖着冷冷的一层白霜，地上也一层，陈旧的落叶，散落的庄稼秸秆，枯萎了的草根，被白霜覆盖之后轮廓分明，"鸡声茅店月，人迹板桥霜"的那种意境，我最有体会。

教室的窗子没有玻璃，是洞开的，一到冬天，老师就叫我们带塑料布钉窗户，每个学生带来颜色各不相同，一律都是老化了的破塑料布，被风一吹，哗啦散了架子，风像一串串小刀子一样钻进来，吹在脸上擦了皮一样的痛。脚麻木了，手僵硬地翻不动书页，不停地哈着手，冷得坐不住。有的同学就开始跺脚，教室里叮叮咚咚响起来，先是个别的，后来渐渐多起来，老师也缩着脖子，手上的粉笔一次次地落下。他教给我们一个方法，说使劲地用脚扣住地可以取暖，但往往不奏效，终于，跺脚声全面爆发，每个同学都蹦跳起来，教室里翻天覆地，响声雷动，泥土的地面狼烟滚滚，呼吸困难，同学们又呼呼啦啦咳嗽起来。

雨雪天更是凄惨，下雪还好，最怕的是雨夹雪，常言说"雨夹雪，下半月"。道路泥泞，村后的洼地是村前颍河的故道，厚厚的一层淤泥，又称胶泥，意思是像胶一样黏，一脚下去，泥泞漫过脚踝，半天拔不出来。我上学是必经这条胶泥路的，顶着北风，冒着雨雪，小小的身体撑着大号的油布伞，顶着风，弓着背，脚下是油布棉鞋或者大了一号的胶鞋（母亲总是买大一号的鞋子，预备穿几年），忽然来了一个小旋风，连人带伞都反了方向，伞散了骨架，人跌倒在泥地里，脚下的鞋子也掉了一只，只有拎着鞋子，光着脚哭着往学校里跑，每一步都刀割一样痛，这才深切地体会到，什么叫道路泥泞，什么叫举步艰难。

到了学校，鞋子结冰，钢笔水也结冰，写一个字都要哈一口气。脚早已没有了知觉，手麻木了握不住笔。终于有人撑不住了，划一根火柴，点一张纸片，大家一哄而上，围住那巴掌大的一团火，快乐得像过年得了一大把炮仗，那一点温暖让人难以忘怀，痛得像被猫撕咬着的小手立即缓解了，幸福来得如此快，就像有毒瘾的人点上了鸦片烟，很快的教室里有了几团火。一会儿老师来了，大家立刻作鸟兽散。

冬天的夜特别长，农家人日落而息，没有钟表，有月亮的夜晚常常判断不准，有很多次，到了学校才刚刚下半夜，几个早到的同学无事可做，就聚在一起讲鬼故事，比谁胆大，讲着讲着就要去坟地。记得一个月夜，去看了一个新坟，刚埋了三天，这是一个女子，十九岁，与家人生气喝农药死的。我们四个人手拉着手，在稀疏的树林里找到了一个长形的坟墓，上面有几只花圈，在月光下像鲜花盛开，坟头有一块头大的土坷垃，还带着长长的草,夜色里就像一个长发女孩睡在花被子里,随时都可以坐起来,但这毕竟是在荒凉的树林里,脊背一阵发麻,突然一声鸟叫,我尖叫起来,大家拔腿就跑,那情景比迪士尼那人造的鬼屋恐怖多了。

大部分同学都生冻疮,脸上的最高点紫红带青,手背都肿得胖乎乎的像吹了气,一有回暖的天气便出奇的痒,都拼命地在课桌的棱角上蹭,个个脸上洋溢着笑,仿佛很享受似的。其实那些赤贫的穷人,他们的生活没有我们想象的痛苦。

下雪了,堆雪人打雪仗自然不必提起,池塘成了绝好的滑冰场,桐油的棉靴是最好的冰鞋。屋檐下、草垛上结了一尺多长的冰,我们就摘下那冰柱,像吃冰棍一样津津有味,不知谁从哪里弄来了一颗糖,大家争着你舔一口我舔一口,又不知到了谁不小心吸进了肚里,大家嬉闹着打了他几个拳头也就罢了。因此,有人受到启发,带来一包糖精,化开了倒进雪里,做出一大盆的雪糕,是现在的高档冰激凌都比不上的美味。

童年是不知抱怨的,一切都默默忍受着,认为生活就应该是这样的。他们还没有学会反思,却又有着强大的适应能力,让人心酸的适应。虽然现在回想起来让人心酸,那时候我们真的没有感到很痛苦,每天都是兴致勃勃的,总觉得冷的还不到位,互相打听着,明天会不会更冷,热切地盼望有一场更大的雪带给我们更大的乐趣。

第一杯苦水

我小时候体弱多病,经常和医院、医生打交道。记得有个乡村医生的名字是孙玉佩,男的,五十多岁,总是穿着长到膝盖的黑色外套,戴一顶黑色的单帽,架一副黑边眼镜,背着白色的药箱,药箱上印着鲜红的十字。这形象深深地印在我童年的心里,像是魔鬼的化身,一个阴森的符号。我很怕他,乡亲们总是拿他吓唬我。无论我玩得如何开心,只要有人说孙玉佩来了。我立刻两腿发软,坐地即哭。

每次孙医生来,我就藏在两个柜子的夹缝里。母亲总是把我从那里拉出来。孙医生总是先摸一摸我的头,再看一下我的嗓子,随后把一只冰冷的温度计甩几下,放在我的腋下。等温度计取出来的时候,苦难就临头了。母亲把我紧紧地夹在她两腿之间,孙医生开始消毒、配药,叮当的玻璃碰撞的声音,像是恶魔的音乐。当硕大的针头开始接近我皮肤的时候,是最难熬的时刻,孙医生总在这时候有说不完的话:"不准哭,越哭越痛。不准动,一动针会断到你的肉里面,永远拔不出来。"随着这恐怖的声音,锥心的疼痛开始了,我撕心裂肺地大哭。

不幸的是,这样的事情经常发生。我的臀部因为消毒不好,发炎了，肿得像发酵的馒头。

很快，孙医生又来了，我又藏到两个柜子之间，母亲照例拖我出来。那时，我话还没有学说连贯，情急中突然学会了骂人，喊着孙医生的小名骂。姑姑抱着我跑开了，这一次没有打针，只留下了药。母亲用茶杯把五颜六色的药碾碎，放在汤勺里，兑上水，调匀了，一勺灰绿色的污泥水。我眼睁睁看她做完这一切，像一个受刑的人，眼睁睁看着刽子手把刑具一一摆在面前。我打定主意不吃它，等母亲一端过来，我立即闭上嘴巴，任母亲又是打，又是骂，死活不张嘴。母亲找来邻居，用筷子撬开嘴，把药汤倒进嘴里，我把那药水往外吹，苦味从舌尖到齿缝，再到嗓门，再从嗓门回到齿缝舌间，把苦药一遍又一遍地品尝，一滴也不咽下。折腾了半天，有人说"把鼻子捏起来"这样，苦水一下子进入了气道，我猛烈地咳，药全喷出来了，脸色憋得苍白，大家都吓了一跳。

后来，就一直病着，不久，母亲又把一大碗中药摆在我面前，油黑色的，沥青一样。而且，把我奶奶、姑姑、叔叔全找来了，列队一样站在我面前。平时对我百依百顺的奶奶，手里拿着一撮糖，面色严肃，叔叔拿着绳子，姑姑拿着尖尖的毛衣针。母亲指着碗对我说："你不吃药要死的，你知道吗？"

"我不怕死！"我高喊着。

"没长大的孩子死了是要进硫磺火坑的，火坑你知道吗？"

"我不怕火坑!"我拼命地挣扎着。

"那里没有饭,顿顿只是吃药,天天打针。"

这下我害怕了,打算吃药,一看恶心的柏油色,趁母亲不注意,一下子推翻了药碗。母亲生气了,牢牢地坐在椅子上说:"再来一碗,大一点的,我预备的多着呐,今天你扎翅膀也飞不了,喝也得喝,不喝也得喝,没有人能救你。如果你乖乖喝了,有糖吃(奶奶举一举手里的糖给我看),如果不喝(叔叔举一举手里的绳子),捆起来,搔脚底板(姑姑示意一下她那打毛线的竹针)。"

我觉得天就要塌下来,仿佛世界末日,那样的无助。平时爱我的家人仿佛都成了魔鬼,小小的年纪孤独感油然而生,大滴的眼泪夺眶而出,生活第一次在我面前崩溃了。我还是不屈服,拼命挣扎,乱喊乱骂人。于是,我真的被五花大绑了起来,母亲用竹针在我脚底一阵乱搔,痛、痒、酸、麻,一种极复杂的难以描述的痛楚从脚底一直钻到心里,我终于屈服了,直喊道:"我喝药,我要喝药。"

在众目睽睽之下,我端起药碗一饮而尽,大家一阵欢呼。在糖的甜味里,竟然毫无痛苦。

那一年我五岁,从那时起,我再也没因为吃药痛苦过,小小年纪就悟出:有的痛苦是无法回避的。从此,冬天早起上学,我从来不磨蹭,总是一骨碌爬起来,飞快地穿好衣服,无论多晚，作业不写完，从来不睡觉。

长大后，开始饮苦茶、苦咖啡，吃苦瓜，体会到苦本来就是人生的一部分。记得有一位高僧，有一天，摘下一只苦葫芦，让弟子朝圣时带着，告诉他们，每到一处，把葫芦放在圣水里浸泡，葫芦就会变甜。回来那天，故意让弟子把这个葫芦煮了吃，但那葫芦仍是苦的。于是徒弟顿悟了，有些人生的痛苦是不能改变的，比如失恋、失业、失去亲人，一切的生老病死都不可避免，只有勇敢地面对，才是智慧的人生。

很感谢人生的那第一杯苦水，让我学会坚强。后来，每当我遇到艰难困苦的时候，就咬紧牙关，攥紧拳头，对自己说："既然不能逃避，我就挺过去。"就像《飘》中的女主角斯佳丽，在极端困难的时刻，站在原野上高喊："明天，明天我会有办法的。"

青蛙妈妈

我儿子小时候最喜欢听的故事是《小蝌蚪找妈妈》。很多妈妈都会给幼小的孩子讲这个故事。故事的大致内容是：在一个春天的池塘里，一群小蝌蚪快乐地游来游去。有一天，它们看着鸭妈妈带着几只小鸭子在游戏，就想起了自己的妈妈，问鸭妈妈，我们的妈妈在哪里？鸭妈妈告诉它们，你们的妈妈有两只大眼睛，四条腿，唱起歌来"咯咯"叫。小蝌蚪找呀找呀，先后找到了大鱼、大白鹅、大乌龟，最后在一片荷叶上找到了它们的妈妈，一只绿色的大青蛙。每次讲到这里，儿子总是疑惑地看着我，他不太理解，小蝌蚪的妈妈怎么会是大青蛙呢，但他还是要求一遍又一遍地听这个故事。

我因为忙于工作、学习、挣钱，儿子五个月的时候，在一个寒冷的雪夜，我把他送到一百里地以外的姥姥家。从此与儿子再没有真正在一起生活过。我总是每隔两三个礼拜，带着几袋奶粉，火急火燎地去看他，每次抱他，他都哭得像我要杀了他似的。

这孩子开口说话很早，大约不到10个月。他说出的第一字不是通常孩子说出的"妈妈、爸爸"之类。他说的第一个词是

"渴了",更奇怪的是,后来又加上一个字"我渴了"。通常孩子是不会用"我、你、他"这种代词的。我认为他也不是真的会用代词,对他来说,只是一种发音而已。后来,将近一年的时间,他只会说这三个字。刚开始我非常激动,儿子终于开口说话了,而且一开口就是整句话,简直是一个天才。后来觉得很心酸,一天到晚"我渴了,我渴了",以至于每个见到他的人都想方设法地帮他找水喝。其实孩子刚开口的那些字是万能的,他表达的意思无所不及,使用频率极高,只要是醒着就不停地"我渴了,我渴了"。不知道的以为这孩子真灵,还在大人怀里抱着,不会走路就能说成句的话,就试着和他攀谈,问他:"你妈妈呢?"

他答:"我渴了。"

再问:"你爸爸呢?"他还是"我渴了。"

又问,你叫什么名字呢?依然是:"我渴了。"

不懂的人就叹了一口气,心想,这孩子怕是一个白痴吧。

就在这揪心的"我渴了,我渴了"的叫声中过了大半年,有一天,突然开口叫"妈妈",而且每叫必哭,一哭就是惊天动地。我不在身边,家里人想办法哄他,就打开电视,看到长发的年轻女子就说,看吧,那就是你妈妈。这一招可真灵,每次都不哭了。后来,他自己也会找妈妈了,大街上的广告牌,商店里的促销图片,只要是长头发的女子,他都喊她们妈妈。

天外的乡愁

有一次，我拉着他的手在街上散步，地上有一张广告纸，是一个丝袜的广告，一个绿衣的长发女子斜躺在一片荷叶上，双目微闭，两腿修长。他睁大眼睛，挣脱我的手，捡起那片纸喊着："妈妈，妈妈，安然妈妈。"他的乳名是安然。我哭笑不得，告诉他："我是你妈妈，你妈妈是我。"他端详了我半天，还是紧紧抱着那张广告纸说："这是妈妈，安然妈妈在这里。"

有的时候，他似乎也知道我的存在。我有过一辆红色的自行车，他一看到骑红色自行车的女子就哭着喊着叫妈妈，每当看着他哭喊着追着那绝尘而去的红色自行车，我就热泪盈眶，原来，我在他的心里只是一缕红色。

这不幸的预感终于成了事实。在他三岁那年，我离婚了。我因为在校读书，没有抚养能力，就没有争取到监护权。没想到，一纸离婚书让我们母子从此天各一方。我去更远的城市读书，他被送到更偏僻的乡下奶奶家。每次我想见他就要乘火车，换汽车、三轮车，再步行五里土路，才能到他寄养的小村庄。每次这样辗转多次，却一次也没有见过他的身影，奶奶家的人，不是说他进城去了，就是说去亲戚家了，有几次，我住进镇上的小旅馆，整天在村庄附近徘徊，一次也没有看到过儿子。

正常的母爱受到阻碍，突然变得汹涌澎湃起来。世界上的一切对我来说都变得毫无意义。我的世界坍塌了，缩小到只有儿子，只要能和儿子在一起，就是沿街乞讨也在所不惜，只要能看上儿子一眼，就是立刻死去也心甘情愿。学业完全不能进行了，睁眼闭眼全是儿子的影子，逢人就讲儿子，真的成了祥林嫂。都说失恋是人生最痛苦的事，其实失恋只是失去与自己再无关系的一个人，而且可以被另一个人取代，儿子是自己的骨肉，母亲和孩子的天然情感是无法摆脱、无法取代的，而且儿子又是那样幼小。我彻底崩溃了，看了很多心理医生都毫无效果。我的研究生班的同学一起研究我的病案，研究出一套另类疗法，不再是一味地疏导，而是反面刺激。

　　一位同学板着脸对我说："你这个自私的女子，你的离婚即使有千条万条的理由，对孩子的伤害都是无法弥补的，你还有什么资格说想念孩子。你是个愚蠢的狭隘的母亲，你这样哭天抢地地想孩子，是你一厢情愿吧，想孩子，想见孩子，只是为了满足你自己的感情需要，是你需要他。他活得好好的，你这样只能扰乱他的生活，给可怜的孩子带来更深的伤害。告诉你吧，眼下你只有两条路可选择，一是忘掉他，一是你疯掉。"

　　这样血淋淋的解剖，的确让我震惊了，也镇静了，忘是不可能的，疯是不可避免的了。

　　接下来整整三年，我没有见过儿子一面，但儿子每夜都在我的梦里，都在不可企及的地方，不是隔着山就是隔着水，不是淹没在人流里，就是有恶魔和毒蛇挡道。记得一次在梦里，我领着三岁的儿子在月光下急急地赶路。只顾自己匆匆往前走，

天外的乡愁

忘记了后面紧紧追赶的儿子,走到一条河边,没有了路,突然想起儿子,慌忙回头寻找,好不容易找到了儿子,他已经躺在地上奄奄一息了。还有一次,我坐着一辆公共汽车疾驶在荒原上,儿子穿着蓝色的毛线衣,小小的身躯孤独地站在风中的荒野里,正对着这辆车挥手,手里是一条红纱巾。我拼命地拍打窗子,大喊儿子的名字,司机无论如何也不理我,在汽车驶过儿子的身边时,他看见了我,拼命追赶那汽车,因跑得太快,一下子扑倒在地上,一脸的血迹继续追赶着那辆车。

三年后,我终于找到了儿子所在的幼儿园,那是一个寒冷的冬天,放学时分,儿子坐在他爷爷的自行车的后座上,我清楚地看到儿子一只脚上没有穿袜子,半截小腿在冷风里乌青着。我大喊他的名字,告诉他我是妈妈,妈妈来看你了。不料,他看了我一眼,冷漠地说:"你不是我妈妈,你是青蛙。"

我放声大哭,引来了一大堆围观的人,儿子在自行车的后座上,再没有回头。

后来,通过各种交涉,我终于可以在寒暑假看儿子了。记得那一个寒假,我带他在小河边玩,他捡起一块砂礓兴奋地对我说:"看呀,这是猴妈妈抱着小猴。"我看了一下,真的像极了。一会儿,他又捡起一块砂石,说是熊妈妈抱着小熊。随后,他不停地寻找,又发现了猪妈妈抱着小猪。真是上天有眼,那么巧,这些石头都被他找到了,也许上帝正在暗示我什么,我却愚蠢无比,没有领悟,不久,我又远渡重洋去了美国。

曾读过这样的故事,一个美国飞行员在日本服役时爱上了一个日本姑娘,姑娘怀孕后,飞行员突然接到军事命令返回了美国,从此再没有了消息。孩子长大后问爸爸是谁,姑娘只简单地告诉他,爸爸是飞行员。从此,这个孩子每次见到飞机就拼命地追赶,真让人心酸。我的儿子为了找我,追过自行车,追过汽车,是否也追过飞向太平洋的飞机呢。

可怜的儿子,什么时候才能找到自己的妈妈呢。什么时候,在儿子的心目中,我不再是一只青蛙?

酒人

我的家人除了我父亲,都能喝几杯酒。据说,姥姥的娘家是帮人家做烧酒的,姥姥自小就学会了品酒。姥爷也一生嗜酒如命,家族里,七大姑、八大姨都天生好酒量。我母亲能喝酒,又爱热闹,逢年过节常把一帮能喝酒的客人灌得七荤八素,自己从来没醉过。

其实,家族里最能喝酒的是我二舅爷,就是我母亲在娘家的二叔父。据说,他八两不醉,一斤不倒,谁也不知道他到底能喝多少,整天怀里揣一葫芦样酒瓶,以酒当茶饮。我很少见到二舅爷,因为上一代之间有一些过节儿,亲戚之间不常来往,所以很少见到二舅爷醉时的样子。关于二舅爷醉酒的传闻很多,但从来没有那种耍酒疯出洋相、骂人毁物之类。在我看来,关于二舅爷的酒话,总是散发着酒香。

二舅爷自小读私塾,背过很多古文,后来又上过几年学堂,也当过兵,因为遵守不了部队的清规戒律,自己让自己退伍了。二舅爷略通医理,能算命卜卦,还无师自通地拨弄几样乐器,如笛子、二胡、排笙等。还能说书,善讲故事,常自编自演一些现在看起来的小品剧之类。后来被县剧团找去做编剧,据说相当有才华，编的剧本在全国地方戏比赛中得过大奖。

二舅爷爱酒，帮别人看病卜卦从来不要钱，只要有酒就行，酒也不分档次，上到汾酒茅台，下到高粱白干一样的热爱。二舅爷身材高大，模样俊逸，但一直没有结婚，几次有人牵线保媒都因喝酒误了佳期，后来也没有人再管他了。都说他爱一个下放到村里的女作家，从上海来的，比他大两岁，很漂亮。谁都知道这不可能，人家是城里人，再说，人家又是黑五类。但有人见他们在一起喝过酒，也有人见他们在一起钓过鱼，总之，这件事情当然没有结局，不知道是这导致了二舅爷的嗜酒，还是嗜酒导致了这场爱情结局的无声无息。

二舅爷很少和大家一起喝酒，即使和大家在一起喝酒的时候，也没有人见他醉过，他喜欢自己独酌。而且每饮必醉，醉态与众不同。所以，等人发现他醉酒，往往是数天之后了。

那时剧团经常下乡演出，他作为编剧也随团到处去，每天酒瓶不离身。虽然当时剧团也有规定，演出期间不许喝酒，但他喝酒的方式和大家不一样，发现不了，防不胜防。比如，一次演出结束后，大家都睡熟了，他酒瘾大发，拎着一瓶酒到处找下酒菜。那时候是吃大锅饭的，煮一大锅饭菜，每人端一碗同样的饭菜，吃完饭把碗往厨房里一扔了事，有专门管厨房的人去打理。那天，管厨房的人也犯懒了，一摞摞的碗堆在那里还没有洗。二舅爷溜进厨房，东找西找，没有任何下酒物。又翻一翻碗，发现有星星点点的萝卜丝、肉丁之类残留在碗里，大喜，蹲在碗边就着那些菜渣喝起酒来，后来怕人看到不好，索性把一大盆碗全搬进他的帐篷里，喝完酒后，顺便把碗都塞进床底下了，然后就忘得一干二净。第二天，厨师发现碗不见了，就认为被村人偷了，报告了村长，村长很恼火，就挨家搜寻，都说没人偷碗，村长只好去供销社买了几十只碗还给剧团，三天后演出结束，拔帐篷时发现碗全在二舅爷的床底下。

还有一次，剧团里一个女演员，才十八岁，母亲去剧团看女儿，精心做了一双绣花拖鞋，女孩很喜欢，剧团里的人传着看，二舅爷尤其的夸赞，说图案如何美妙，绣工如何精致，只是穿在脚上太可惜了，应该当艺术品保存起来。一天演出时，女孩清楚地记得把鞋子放在了更衣间，演出结束后，女孩的绣花鞋不见了，大家都很惋惜，觉得偷鞋人太可恨，二舅爷比谁骂得都凶，说偷鞋的贼太没良心，那是女孩的心爱之物，是女孩母亲的一腔爱心，偷什么不好，偏偏偷那双鞋，这偷鞋人太可恶，若能逮住这贼，鞭打千下也不足以解恨。几天后，丢鞋的风波渐渐过去了。有一天，剧团开早会，二舅爷最后一个到场，那天二舅爷一出现，全场立刻鸦雀无声，所有人的眼睛都盯在二舅爷的脚上。原来二舅爷脚上恰恰拖着那双绣花鞋，已经脏得看不清花纹了。

还有一次，在一个小县城演出结束后，他悄悄从旅馆里溜出来一个人喝酒,那天的月亮很圆很亮,他一个人在街上晃荡,对着月亮念念有词,街上一个行人觉得好奇,就凑上去搭讪:"老兄,你在和谁说话呀?"他说:"和月亮呀。"那人发觉是个醉人,就咕哝了一句"月亮上的人你也认识",二舅爷连忙说:"不,我不认识,我不是本地人。"

这些都是亲人之间传说的,但有一次是我亲眼看到的。我因为听多了关于二舅爷的故事,不但不反感他,反而渴望见到他,尤其感兴趣的是他通《周易》,能预见人的未来,千方百计央求妈妈恩准二舅爷到家里做客。有一天,妈妈说二舅爷要来了,他和剧团里的朋友到我家门前的沙河湾里钓鱼。我兴奋极了,终于可以看到传说中的二舅爷了。半晌午的时候,二舅爷和他的同事开着一辆破旧的吉普车出现在河堤上。

妈妈很热情地接待了他们,要留他们在家吃饭,并命我去打酒。他们说不要打酒,大家已经凑了十元钱打酒,就在二舅爷的口袋里。母亲就去杀鸡,二舅爷拦住母亲说不要杀鸡,等会儿钓到鱼,就可以当下酒菜了。

我看二舅爷熟练地制作好了鱼饵,一帮人去了河湾,我也跟着去了。二舅爷那天穿条一浅色棉布裤子,一件暗红格子的衬衣,头上居然戴一顶灰色的巴拿马帽,这顶帽子在那个时候特别的显眼,让我对他肃然起敬,只见二舅爷安静地坐在自制的马扎上,眼睛紧紧地盯着浮子,专注的神情使他偏黑色的瞳仁如一片迷雾。他不时地从上衣口袋里抽出烟来，不久，我看见那烟盒空了，他下意识地随手一扔，那白色的烟盒就滞留在水边了。

那天运气不错，不断地有鱼儿上钩，二舅爷钓到的鱼最多。午后，这帮人高高兴兴地回来了，拎着大半桶还在蹦蹦跳跳的鱼，有鲫鱼、鲤鱼、鲶鱼等，个个兴高采烈，吵着要酒。我妈准备做鱼，叫二舅爷去拿酒，二舅爷一摸口袋，发现钱没了。我提醒他说，是不是丢在河边了，我看见你扔烟盒了，舅爷恍然大悟，说钱就在那烟盒里。二舅爷转身就往河边去。

但是，一个时辰过去了，左等右等不见二舅爷回来，妈妈让我去找。我一口气跑到河边。二舅爷正稳稳地站在河边专心钓鱼，微风吹鼓起他红色的衬衣，面对着一汪清清的河水，背对一望无际的碧绿的田野，笔直地站着，一手握着钓竿，另一只手握着一壶酒，甩开鱼竿的刹那，我觉得二舅爷很帅，如玉树临风。我前去招呼二舅爷，问钱找到没有，二舅爷藏起那酒壶说，鱼儿都来吃钩了，正是钓鱼的好时候。我说，大家都在等你的酒，二舅爷一拍脑袋，笑着说，不着急，钱在树枝上晾着呢。这时，我看见他脚边有一棵野生的一尺多高的枸杞子树，一张十元的钞票搭在树枝上，早就干了。说时迟，那时快，正好一阵风吹来，那张钱飘飘悠悠吹到河水里去了。我慌忙去捞，那钱越漂越远，二舅爷笑着说，不要找了，我钓了他的鱼，又喝了他的酒,该付钱给他了。我怔怔地看着二舅爷,二舅爷笑眯眯的,看不出一点儿醉意。

最后一次见二舅爷,是姥爷生日那天,正是盛夏,我随妈妈给姥爷去送生日礼物,姥爷说二舅爷被撤职回乡了,妈妈问为什么,老爷说,还不是为了酒,肯定是酒后吐真言得罪领导了。妈妈要求去看看他,我也跟着去了。二舅爷的院子里,没有树木,没有花草,也没有院墙,空空荡荡的,两间泥坯的房子已歪歪斜斜,只有一棵郁郁葱葱的桃树特别显眼。只见二舅爷一人坐在桃树下,一张石头的桌上放着一碟菜,他正一手端酒杯,一手夹起盘中物往嘴里放,桌子上有两只酒杯。二舅爷看到我们也没有站起来,只是笑着。看我们走近了,他从树上摘一只青青的桃子在衣襟上蹭蹭,说:"老哥,这小毛桃还好,凑合做下酒菜,我们喝一杯。"姥爷说,"你一个人喝两个杯子的酒。"二舅爷笑说:"我正替一个朋友喝酒。"

姥爷看看左右并无一人,叹了一口气说,没办法,这个人是酒做的,就是个酒人。

我定睛看那一碟菜,原来是几只鹅卵石泡在清水里。

后来,再没有看到二舅爷,据说去了南方,靠给大商家看风水,给名人批八字挣了很多钱,又办了易经学校,成了知名人物。

只是不知道还喝不喝酒。

上学的故事

我母亲从未进过学校门，却一辈子都在与上学打交道。外婆家里不富裕，姥爷读了几年私学，没有考取半个秀才，却学会了几分风雅，一点家产也让他这份风雅败光了。"书中自有千钟粟，书中自有黄金屋"，就是我小时候从姥爷那里听到的，"万般皆下品，唯有读书高"也是姥爷的口头禅。虽然家里穷，我舅舅和姨妈都先后进了学校。母亲是长女，姥姥长年生病，家里离开她不行，就没有了上学的机会。偏偏母亲是最聪明、最渴望上学的一个。我姥爷多次后悔地对我母亲说："我这辈子最后悔的事就是没让你上学。"我母亲说："弟弟妹妹能上学，就算是替我上了，今后我会全力以赴帮助他们上学的。"没想到这句话定了终身，从此，母亲一辈子为"上学"这两个字鞠躬尽瘁。

母亲十七岁就加入了共产党，那时国共两党还在内战。后来我问过母亲，在那个时候加入共产党，不怕杀头吗？"不怕！"母亲斩钉截铁地说："我小小年纪在外逃荒七年，什么苦没受过，死过多少次的人了，不再怕死，共产党为穷人谋福利，我怕什么，再说，入了党还可以进学习班学文化。"

但是母亲还是没能进学校，因为十八岁的那年春天就结婚了，婆家因为缺少人手干活才急急地催婚。婚后不久，母亲被选为乡长。据说，全乡人都评价她很有才干，只可惜没有文化。我奶奶一直很佩服我母亲，对我说过很多次，说母亲很善于言辞，当年开大会，只要母亲一上台讲话，再乱的会场也会立刻安静下来。随着工作的需要，母亲学文化的愿望更强烈了，有一天，母亲终于下定决心，打起包裹跟着土改工作队进城学习了。

没想到母亲刚走了一天，我爷爷就被毒打，说是我家土地多，应该划为地主，想通过拷打让我爷爷承认有过剥削行为。

我母亲听说后立即打道回府。母亲不识字，却背诵了关于土改法律里所有文件的内容，理解深刻，又活学活用，据理力争。经过多次论战，我家总算没有划成地主，但母亲的学也上不成了，家里的土地也归为公有。我爷爷气得一命呜呼，老太太也中了风，卧床不起，彻底断送了母亲的读书梦，但上学在我母亲心里并没有结束。

父亲与母亲结婚时只有十六岁，正上中学，爷爷坚决反对父亲读书。说起来还有一段故事，据说我家是世代书香门第，前辈中有中过秀才甚至举人之类。我爷爷的父亲也就是我太爷，是个十足的书呆子，肩不能挑，手不能提，闹出许多荒唐的故事，成了十里八乡谈笑的话柄，家境日见败落。我的太奶不识字，却性格刚烈，认为读书是万恶之源，认为我太爷的迂傻是读书造成的，发誓所有的孩子一律不能读书。所以我爷爷弟兄三个，没有一个识字的。跋扈的老太太在我家又烧又撕又扔了成箱成柜的线装书。我爷爷耳濡目染，也被培养成恨书癖，继承了老太太的人生哲学，认为农民是属土的，土地才是生命的根本，读书无用，读书人都是吃闲饭的。但到我父亲这一辈，老太太却幡然醒悟，闹着让我父亲去上学。我爷爷虽是左右阻挠，但在老太太的保护下，父亲断断续续上完了中学。结婚以后，却死活也不让上学了。于是我母亲和我爷爷开始了一场关于上学的持久战。爷爷坚定地不出学费，母亲因此不仅贡献出自己所有的嫁妆、首饰、压箱钱，据说还有过精彩的故事。我听说的有"月夜挖花生"，母亲趁着月亮整夜挖爷爷种的花生，天不明就拉到市上卖钱，爷爷措手不及，只得忍了。还有"暗度陈仓"的故事，母亲趁爷爷下地干活，把粮食囤里的谷米倒出来，在囤里放上沙土袋子，上面再放上谷子，把多出的谷子卖了钱供父亲上学，后来又不知做了什么手脚，我爷爷一直没有发现。但母亲做得最多的是"席棚纺线"，老太太怕母亲夜里纺线浪费灯油，一见母亲点灯就破口大骂，母亲就先装睡，老太太一睡下，母亲就起来，用席子围一个棚子，再蒙上被单，从外面看不到一点光线，母亲就在棚子里熬夜纺线，熬夜织布，卖了布匹再买棉花，再纺线织布，就这样赚钱支付父亲的学杂费。

终于，我父亲师范毕业了，做了教师。就在那年，我舅舅考上了医科大学，姥姥家揭不开锅了，负担舅舅成了我母亲义不容辞的责任。我母亲发誓，一定供我舅舅大学毕业，立即向全家发出最高指示。母亲的口号是："全体动员，四处借钱，砸锅卖铁，支援前线。"前线即舅舅的大学，学费八十元，在当时是一个巨大的数字，母亲为此把所有沾亲带故的亲戚朋友都借了个遍。母亲省吃俭用，整日纺纱织布，还买了一个缝纫机，帮人做衣服挣钱，供我舅舅上学，母亲说，她六年没睡过一个囫囵觉，为借钱把亲戚朋友家的门槛都踩平了。

还差一年舅舅就要大学毕业了。"文化大革命"开始了，舅舅离开学校，父亲也从学校回家，母亲见状，一屁股坐到地上，号啕大哭起来，边哭边说："这可怎么办，学校没有了，我还怎么活呀，老天爷呀，快睁睁眼吧，我的孩子刚进学校门呀，这是要绝我的路呀。"

乡亲们都来劝："别哭了，天塌压大家，不是咱自家，咱就随大流走吧，我们老百姓祖祖辈辈不识字，不也是活下来了。"

母亲哭得更厉害了："你们不知道呀，我这辈子吃够了没有文化的苦，什么事都做不成，我是个睁眼瞎子呀。人家能看千年远，我只看到鼻子底下这一片，人家能行万里路，我只能在原地打转转，我这一生还好过，我的孩子怎么办啊？"

说得大家眼睛都红了。这时我母亲一下子从地上跳起来去推我父亲："你快给我回到学校去，有一个学生也要教下去。"又把我六岁的哥哥送到学校去："你不能离开学校，你就做学校里最后一个学生。"

我父亲说"你是疯了吗，大家都走了，我能做什么？"

"我不疯，是你们都疯了，全国上下都疯了。哪朝哪代不用人才，没有人才就没国家……"

父亲幽默地说"你大贤大德，你学岳母刺字去，岳母刺'精忠报国'，你就刺上'读书报国'。"

母亲哭着说："要我刺，我就刺，刺在背上算什么本事，我要把'读书报国'刺在每个孩子的心上，让他们知道读书，读好书永远是真正的报国之路。"

在场之人无不唏嘘。这些我当然不知道，都是左邻右舍闲谈中当作故事讲给我听的。我为母亲骄傲，佩服母亲的胆略。

"文化大革命"不久，母亲被任命为公社"革委会"主任。"革命文件"雪片样乱飞。母亲迷惑了，去找我父亲："我觉得势头不对，新政策我吃不透了，你有文化你去替我吧，我实在不能胜任了。"只知道教书的父亲真的替我母亲做了的"革委会"主任，三个月之后，父亲说："我革不了这个命，还是教书吧。"又回到了学校教书，母亲也辞职不干了。

后来，母亲不再执着于学校了，让我哥哥小小年纪进了艺校学音乐,我姐姐做了医生的学徒。

高考制度恢复后,我母亲欣喜若狂,到处宣传。乡亲们说:"你高兴什么,你大字不识一个,难道你也要去考大学吗?"

母亲又豪气地说:"我当然不去考大学,我的儿女有上大学的机会了。"

那时土地承包到户,我们几个兄弟姐妹都离开了家去外地读书了。母亲一个人没日没夜地干活,寒暑假也不让我们帮忙。邻居大伯看不下去,就对我母亲说:"你这女人百事清楚,就有一事糊涂,庄稼人有庄稼人的活法,你的女儿不进地边,天天在家里读书弹琴,横针不知竖线的,说句不该说的话,怕是将来不好嫁人呐。"

母亲没有生气:"我现在不给你理论,将来孩子大了,是骡子是马,放到市上去估价,自然有个说法。"

我母亲总是说,她这辈子总是与上学打交道,就做错了一件事,不应该让我姐过早去当学徒,耽误了学业,不能顺利读大学,每次想起来就后悔。

这话不久,她又到处托人让我去学拉琴。真是奇怪呀,我说:"妈你糊涂了,你不是一直后悔姐当学徒,耽误了学业,为什么要我去学琴?"

母亲被我问得一时张口结舌,但很快又笑起来,然后压低嗓音对我说:"你不一样,老师给的书不够你读,你太聪明了,怕浪费了你。"

"那为什么要学琴呢？"我不解地问。

母亲指一指墙上挂着的一把胡琴说："琴咱有现成的，你让这把琴能弹出好听的曲子，就等于征服了这把琴，琴也磨了你的性情，从此你可以征服很多你想征服的东西。"

"我什么也不想征服，我不要学琴。"我生气地说。

"你必须征服你要学的书本。"母亲的语气立刻变得强硬起来，"你爷爷常说，种地就要和土地有仇一样，狠狠地把土地犁开耙耘，然后才能长出满意的好庄稼。上学也是一样，你必须和书本像有仇一样，狠狠地读，吃透它，才能变成对你有用的知识。"

"天天要过仇恨的日子，我不希望过这样的日子。"我说。

"孩子，梅花香自苦寒来，真金要用火来炼呀，你听你哥，那琴拉得多好，我一听那琴声，有时候，真是又想哭又想笑，烦恼呀痛苦呀都没了，人这一辈子不知道会遇到什么苦难，弹琴这东西救不了你的人，有时候可以救救心呀，孩子，艺不压身，你听妈的话就去学吧。"

母亲真是上学成精了，竟然凭自己的直觉，触及一个深刻的人生教育问题。

后来，我的人生印证了母亲的话，半生的苦难沉浮里，艺术几乎成了我的救命稻草。

在母亲的教导下，我家几个兄弟姐妹都接受了大学教育，还有硕士和博士，更重要的是，都有着健全的人格。

如今，母亲已年过七旬，到现在对孩子的学习还是乐此不疲，经她手又培养了下一代几个大学生。

母亲一辈子与上学失之交臂，却为家人的上学殚精竭虑。"落红不是无情物，化作春泥更护花"是我母亲伟大品格的最好写照。

胭脂情

我虽然出生在偏僻的乡村,启蒙教育却开始得很早,三岁就会背《三字经》,五六岁能诵唐诗百首。记得父亲教我的第一首古诗不是"锄禾日当午"或"白日依山尽"之类,而是"去年今日此门中,人面桃花相映红"。尽管父亲百般解释什么是人面桃花,几岁孩子的我却无论如何也不能理解"人面桃花"的真正含义,但是却又莫名其妙地特别喜欢这首诗。

八岁那一年,随奶奶回她的娘家。见到了奶奶讲过无数次的桃园,虽然我向往已久,也梦见过无数次,但我感兴趣的是又大又红的桃子。可是,那是春季,只有满园的桃花。我奶奶的外孙女,十岁的表姐带我在桃园里玩,她是奶奶一直夸口的小美人,名叫金花。她穿一件粉红的缎面小薄袄,美丽的小脸,长长的睫毛,在桃园里,欢声笑语,攀枝摘花,桃花插满柔顺的发辫,在夕阳和晚霞的映照下,童真的脸颊桃花般鲜艳。我怦然心动,突然理解了什么是"人面桃花"。情不自禁地摘几瓣桃花托在掌心,粉红的桃花灿若明霞,娇艳欲滴,吹弹即破。我把桃花拍在脸上,想让自己的脸也有桃花的颜色,但那桃花却只在脸上留下几片淡淡的汁痕。从此,桃花的美深入幼年的心。追求"人面桃花"的胭脂梦贯穿了整个童年。

　　但在偏僻的乡村,那个物质匮乏的特殊年代,就是大的城市也少有胭脂花粉可寻。我尝试了可以找到的所有植物红色的花草根茎,玫瑰、芍药、凤仙花,都无法染红我的面颊,很奇怪,那么美艳的花,一旦捣碎,不是淡淡的污水就是灰暗的花泥。母亲染线用的颜料也被我偷偷地试验,都没有合适的颜色。只可惜《红楼梦》读晚了,要不然肯定能学到贾宝玉怎样制胭脂的。随着年龄的增长,对胭脂的向往与日俱增。上小学时,偶尔一次去老师的办公室送作业,老师正好不在,桌上有半瓶红墨水开着口,我犹豫片刻,就用手指蘸上红墨水慌慌张张地往脸上涂,这时,老师刚巧进来,大吃一惊,以为是我玩耍蹭破了脸在流血,非要把我送进医院,我立刻双手捂脸哭着跑回了家。

　　有一年过春节,我帮家人贴春联,贴完后发现手指全红了,这一发现对我而言非同小可,赶快用手指点上水,晕湿了红纸,均匀地涂在脸上,很快,两颊飞起两片红晕。啊,多年的梦想终于成真,我激动得大声唱起歌来,面对镜子欣赏了半天,桃花般的脸颊,配上两个浅浅的酒窝,天然卷曲的细软头发,自己觉得美极了。然后悄悄地藏起一片红纸,每天上学前都对镜匀妆,女同学都羡慕我脸上的红晕,连校长也夸我漂亮。

　　好景不长,有一天,做医生的舅舅到我家做客,捧着我的小脸端详了半天，我知道了怎么回事，局促不安起来，两颊发热，不由自主地咳嗽起来。舅舅告诉母亲，这孩子怕是得了肺结核了。母亲立刻把我送进医院检查，医生无情地揭穿了我的秘密。我被母亲狠狠地揍了我一顿，从此胭脂梦断。

十六岁那一年，我在报上发表了一首诗，挣到了人生中的第一笔钱。我对那首诗并不在乎，看完后随手扔了，对那一笔钱却再三思索。两位最要好的同学陪伴左右，出谋划策。一位劝我买一件有纪念性的东西，比如英语大辞典之类。另一位更了解我，告诉我附近的百货商店有香粉卖，不如买一盒香粉吧，我们三人飞奔到商店。果然，橱窗里有香粉、珍珠霜之类的化妆品，还有一盒像清凉油盒一样大小的胭脂。我毫不犹豫地买下了那盒胭脂，回校后立即对镜梳妆，突然发现，这时镜中的自己不需任何化妆，已经是"人面桃花"了。但我还是仔仔细细地涂上了胭脂。

很快，就收到了折叠成各种形状的男生们的纸条，其中一封记忆犹新：

你那两片有情无情的红晕

是舞动的胭脂

凌乱了我不眠的夜

你那浅浅的酒窝里

盛满了什么样的琼浆

遥遥地一望，就醉了

醉在不可救药的青春的路旁

不知道是哪个臭男生写的，心里一怒，立即扔到垃圾篓里，又想一想，还很有文采，就又捡起来。我反反复复的动作被同室的徐丽雅看在眼里，问我怎么回事，我把纸条给了她，她看后笑道："我正闷着无事，回他信，我帮你一起写。"

一会儿，我们就凑出一首：

那不是胭脂

那是青春变换的云霞

缀满没有果实的梦幻

只在不可捉摸的时刻里突然开花

那玲珑的酒窝里没有琼浆

盛满的都是青春的奇香

在千回百转之后，碎落成诗

只能在岁月深处静静埋藏

后来的故事，真的忘记了。青春岁月，一语百媚，随便抛洒的都是清丽的诗句，每段往事都胭脂般地飘香。

再后来，胭脂像青菜萝卜一样唾手可得，我的化妆间里充满了各式各样的胭脂，浓的、淡的、深的、浅的，红的、粉的、灰的、褐的。青春的胭脂早已从两颊渐渐褪尽，心灵的胭脂却一层层地朦胧再生，从凌乱到淡定，从热烈到从容。

至今，我的内心深处还在不停地寻找胭脂。

寻找生命中抹不去的那缕殷红。

故乡的泡桐树

千山万水终于回到了故乡，生我养我的地方，一路上我一直揣想着家乡的模样。回乡的季节正是盛夏，应该是泡桐树枝叶繁茂的时候，空气里一定是弥漫着泡桐树叶特有的苦香。童年时代，没有空调和电扇，盛夏时屋里闷热，正午时刻，全村的男女老少，都端着饭碗在泡桐树下吃饭谈天。男人们聚在一起下棋打牌，传播着十里八村的新鲜事。女人们在树下做针线，东家长西家短。孩子们在树下捉虫斗草嬉戏玩耍。我最喜欢的事情是靠着一棵树，一边读书一边听他们讲故事，这是我的梦中经常出现的童年图景。现在肯定不会热闹了，年轻人都进城了，老人多在有空调或风扇的房间里看电视或打瞌睡。但是，总会有孩子在树下嬉戏吧，总会有不甘寂寞的上了年纪的女人在树下唠家常吧。

当我急切地走进村庄，既没看到嬉戏的孩子，也没看到聊天的老人，甚至见不到鸡鸭狗兔的影子，更奇怪的是一棵泡桐树也没有看到，那熟悉的桐树叶的香味没有了。很多人家都盖上了漂亮的楼房，但家家房门紧闭，户户都被杂草包围着，我的心里一阵阵凄凉。好不容易出来了一位老年妇人，愣愣地看

天外的乡愁

了我半天,我赶忙上前打招呼,问起泡桐树,她笑着说:"早不种泡桐树了,都改栽白杨树了。"我仔细看了一下,可不是,到处都是白杨树的身影,细碎的叶子在微风里哗哗作响,虽然也郁郁葱葱,但有凄然之声。

我很难过,我那长满泡桐树的故乡就这样消失了。

记得小时候,我并不喜欢泡桐树,甚至讨厌它们。因为泡桐树枝叶不够丰美,没有浓密的荫凉,树身又高又大,爬不上去,枝条又特别脆弱,枝丫稀疏,鸟也不在桐树上做窝,即使有鸟窝也爬不上去。那时候我认为柳树很美,柳树婀娜多姿,又能做柳笛,还有漫天飞舞的柳绵,尤其是知了喜欢在柳树上唱歌。花楸树也很美,浓荫如盖,花如紫烟。当然我最爱的还是枣树和柿子树,又好看又有果子吃。记得姨妈家的村庄很美,满是洋槐树,春天槐花似雪,满村飘香。邻居芳芳的姥姥的村子也很美,因为养蚕,全村都种桑树,桑树枝叶繁茂,枝条柔软,可以攀爬游戏,荡秋千,还有甜甜的桑葚可以吃。我的村庄真是丑陋啊,丑陋的原因就是因为那泡桐树,没有美荫可以乘凉,没有柔软的枝条可以攀爬,也没有果子可以吃,又落叶最早,发芽最迟,对孩子来说,是最了无生趣的一种树。

但大人们似乎喜欢泡桐树,因为泡桐树生长迅速,三年可以成檩,六年可以成梁,高大挺拔,木质细腻均匀,是建房子和做家具的好材料,很是经济实用。家乡沙河两岸的土质特别适合泡桐生长,所以家家户户、房前屋后、沟壑路坝都栽满了泡桐树。记得那时候有一句农谚"养母猪,栽桐树,几年就成暴发户"。

但不知为什么,人们似乎又不看重它。例如,谁家的姑娘出嫁,做了很多家具作嫁妆,很让人羡慕,如果谁加上一句"都是泡桐木的",大家的脸上马上流露出不屑的神情。如果说谁家穷,就会说,真是穷啊,死时怕只有泡桐树做棺木了。这样看来,泡桐树似乎又很低贱。

我是渐渐喜欢上泡桐树的。幼年的泡桐树有巨大的叶子,比荷叶还大,还有长长的叶柄。上学的路上或在太阳下玩耍的时候,取一柄泡桐树的叶子,就是一把漂亮的小阳伞。第一年的泡桐树是中空的,可以做成水枪玩。夜晚的月光通过泡桐树稀疏的叶子照在地面上,树影婆娑,如花枝摇曳。我们喜欢在桐树的花影里游戏,踩影子,捉迷藏。冬天里,月亮在桐树稀疏的枝丫间,愈显明亮。"缺月挂疏桐"是我最早体会的诗意的意境。想一想,这月亮也只有挂在疏桐上,画面才够静美撩人。就像"孤烟"也只有在大漠里才能直起来,"落日"在长河里才更圆。

春末夏初的时候,树木的花期都过了,泡桐树的花期才滚滚而来。几天之内,所有的泡桐树都开花了,淡紫色的。远看村庄紫雾缭绕,如梦似幻。进入村庄,一会儿就花落满头,全村飘香。孩子们会情不自禁地捡拾花朵。细心的妈妈会把孩子捡起的花朵串成花环戴在头上,男孩子就挂在脖子上。奶奶把桐花修剪成精致的耳环给我戴上。我曾仔细地观察过那花朵,淡紫色的,喇叭形,5个瓣,大小如酒杯,花瓣单薄娇嫩,尤其是那深深浅浅的紫色斑点,有浓有淡,使花瓣的色调变化多端,像乡村少女的心情,说变就变。我常常把那花朵托在掌心,那花儿单纯娇憨的模样,深深印在我稚嫩的心上,那浓烈微苦的花香,也成了缭绕心头的永远乡愁。

小学时,老师经常鼓励我们好好学习,将来成为国家的栋梁之材,我就望着那一棵棵高大的泡桐树,心想,所谓的栋梁就是这泡桐树吧。语文课上最喜欢的一句诗是"云破月来花弄影",我觉得泡桐树的叶子最会弄影,疏朗的叶子在微风里摇曳生姿,比大门口的玫瑰花更能顾盼生姿。"一叶知秋",泡桐树是最早感知秋天的,还在盛夏的时候,个别的树叶已变得金黄,飘然落下。我的第一次离别也如这早落的泡桐叶,不期而至,却终生难忘。

记得读初中的时候,开始住校,桐花开放的时候,是一段最曼妙的时光。下午放学后,我总是喜欢倚着桐树看书,常常穿着白底紫碎花的喇叭裙,身上满是落花,坐久了,穿着白色塑料凉鞋的脚也深深地埋在花瓣里。那时,我经常带两本书,一本读着,一本当坐垫,但离开时常常忘记下面的那一本,等想起来回去找时，总是被埋在深深的花堆下。我想一定是某个男生干的，又猜不出是谁。再看那泡桐树，觉得高大健壮，风姿秀美，与童年的感觉完全不同了。那些香风微醉的初夏，那些春心萌动的年华，是泡桐树埋下了最美的记忆。

校园里的泡桐树还在那里吗？

泡桐树的村庄只能在年少的春梦里了。

寂寞的柿子树

我的钢琴正对着一个大的落地窗,窗外是一个小山坡,坡上终年杂树生花。杂花之上是一排一人多高的浓密的冬青树的篱笆。篱笆之上就是别人家的领地了。因为隔着一个小山坡,与这家没有相通的路,便多了一份好奇的遐想。那碧绿的冬青树的篱笆上,一年四季风景不断,有时会垂下金黄的橘子,有时是明黄的柠檬,铜红色的石榴,还有朱红的枣子。直到有一天,橙黄的柿子出现在碧蓝的天幕时,我怦然心动,左手的和弦键突然纷乱了。

遥远的我乡下的老家有一个柿子园,是我爷爷的爷爷栽培的,有上百年的历史了,每棵都很大,两个七八岁的孩子才能合抱。枝叶繁茂,年年果实累累。在那个偏僻的乡村,寂寞的童年,柿子树就是我的乐园。我对柿子树的关注非同一般,对柿子树的偏爱也不仅是它的果实,它陪伴着我它长大,柿子树镌刻在我童年的心里。

春天,万物萌发的时候,杨柳从柔软的青青的枝条冒出嫩芽来自然引起人们的关注。我关注的是柿子树,它是从黑铁一样仿佛朽了几百年的枯枝上突然冒出浅黄的嫩芽,真让人吃惊,更吃惊的是,那嫩芽毛茸茸的,又猴头猴脑的样子,就像爬了满树的小指猴。在我看来,春天不是桃红柳绿画出来的,而是柿子树让春天生动起来的。

冬天,万木凋零,柿子树一片叶子也没有。它遒劲的枝条弯曲盘旋,像一个沧桑的老人。我总是担心它们会死去,再也醒不过来。寒冷的冬夜,北风带着呼哨在柿子树间哀鸣。我以为那是柿子树因为寒冷而哭泣。大雁飞到温暖的国度,蟋蟀藏进深深的墙根,拇指姑娘也栖身在鼹鼠的窝里了。柿子树和我无处可去,我每天还要天不亮就背着书包,迎着寒冷的北风去上学。当一轮冷月挂在柿子树稀疏的树杈间,树枝在寒风中吱吱地摇晃,几只寒鸦在树梢上哀啼,那是童年难以磨灭的记忆。于是,关于痛苦的、孤单的,伤心和失望的情景都让我想起冬天的柿子树。那些关于古墓的、荒原的、古战场的,以及鬼狐精灵的,所有阴冷与痛苦的意象,都让我想起冬天的柿子树。

但是,随着年节的到来,柿子树又变得亲切起来。年关除了炒米糖的香甜、炮仗的声响、新衣裳、压岁钱,我还觉得光秃秃的柿子树无比可爱。我别出心裁,取一段柿子树的树枝,把过年的蜡烛融化了,放上红颜色,用鸡蛋蘸出椭圆的花瓣,在树枝上粘出一朵朵梅花,极其逼真。每个到我家拜年的人都会惊讶地说"你家的梅花今年开得早啊!"

漫漫长夏,柿子树是我唯一的慰藉。那时没有电视,也没有电扇和空调,酷热的夏天,漫长的暑假,无处躲藏。柿树园里有浓密的树荫,它们沿河湾而栽,也带来了河风的清凉。倚树读书是一件美事,尤其读那些花妖鬼怪的故事,最能身临其境。有时候就爬到树上,柿子树的大枝盘旋曲折,小枝条柔软有弹性,找一处舒适的位置,把枝叶绕一绕,像小鸟做窝一样,躲在里面读《安徒生童话》《鲁滨逊漂流记》《封神演义》《聊斋》,甚至半懂不懂的《警世恒言》《拍案惊奇》,大部头的《约翰·克利斯朵夫》。看一切能找到的书,爸爸给我订了一份《儿童文学》。我读遍每一个字,甚至记住上面的每个小广告。小小的寂寞的心,除了幻想着有吃不完的花生糖和牛肉干,眼睛还盯着一片片树叶开始模糊地思考人生的意义、世界的起源。我清楚地记得,那时我确实望着柿子树累累的青果思考过它们为什么存在。望着树上飞来飞去的小鸟,探讨过生存的意义。

童年最脆弱、最敏感、最渴望变化的时候,偏偏寂寞的乡间,时间像停滞了一样,一点儿变化都没有。每天爬到树上,幻想着下树之后会有什么样的事情发生呢?家里会有亲戚来访吗,会有走街串巷的卖江米糖的小贩,最好有耍猴的……但常常什么也没有发生,只有白花花的永远挂在中天的太阳,懒洋洋卧在门边的大黄狗,除了有不断冒出的金黄的丝瓜花开在篱笆上,一点儿变化也没有,整个村庄在蝉的嘶鸣里,更显寂静。忽听一声汽笛长鸣,立刻跳下树,飞一样狂奔去河边,那是唯一的变化，从沙河的上游开过来的小汽轮。但因离河太远，每次跑到河边，轮船已经走远，只留下汽轮翻卷起的浪花，多少次看到远去的形象模糊的小汽轮和那浪花，失望的眼泪不由自主夺眶而出。再回到柿树上，心情变得沮丧，书中的故事也失去了吸引力。所以每次家里有人外出，我就抱着他们的腿不放，想跟着大人去远方，看外面的世界，但大人不理解，总是连哄带吓，溜之大吉，留下自己伤心哭泣。那是希望的破灭，稚嫩的焦渴的心严重的挫伤，尚未健全的神经承受着深刻的痛苦，这些，柿子树可以作证。

秋天的柿子树不再寂寞，事实上，从夏末就开始有早熟的柿子，个儿小如杏，但因为稀少，吃起来特甜。我会记得每棵树上有几颗柿子在哪一天可以吃，估计的一天不差。我爬遍每一个枝丫，直到现在，我闭上眼睛还能回忆出每棵树上每个枝丫的走形。采收柿子，是我大显身手的时候。我身轻如燕，柔若猿猴，在树枝间跳来跳去，一筐筐地采满，用绳子吊下来。黄澄澄的柿子堆满了半个房间。

刚采收的柿子虽然金光灿灿，但是很涩，不能吃，如果等到自然成熟要几个月。我们有办法让它快熟。如果想吃软的就在地下挖一个地窖，要一人多深，让柿子一个个平摆在架子上，在地窖里点燃豆柴火，在火最旺时用干草把地窖口盖住，再用土严严实实地封上。三天后扒开，都均匀地熟了，个个红得透亮，光滑柔软，咬上一口，甜透入心，它没有核，像一个蜜罐，纯正的甜，没有一种水果甜得如此彻底，甜得毫无杂念。如果想吃脆的，就把柿子泡在一只陶制的大缸里，周围围上半尺高的麦糠火，火不能有火焰，也不能中间熄灭，盖上木盖子，文火煨上三天两夜后，看到有小小泡沫从柿子里冒出，就可以捞出来了，个个又甜又脆。

这方面我是权威，我说可以了，家人就开始捞柿子。做这种脆柿子，火候和时间很重要，火大了皮会硬，火小了，会发涩，时间短了不会熟，时间长了会发酸。柿子的大小不同，火候和时间也不一样，我都做过精心研究，在寒冷的入冬的夜晚，我一次次从被窝里爬出来查看，对于一个十岁上下的孩子实属不易。但我爱柿子，乐此不疲。除此之外，还可以做成柿圆子，选上等的没有疤痕的柿子，削去皮，隔一层薄纱在太阳下暴晒，熟软后撒上糖霜，放在坛子里，经年不变质。也可以做成厚片，晒干后装进玻璃缸里，都是美味的零食。最好吃的是妈妈做的柿子糕，用油炸的，外酥内软，又香又甜，让我至今回味无穷。

奶奶会把结果最多的柿子连枝带叶取下，挂在山墙上、屋檐下，或插在竹篾的夹墙上，那绿叶红果数月不衰，还是一种很美的装饰，那次第变熟的果实是冬日里我每天盼望的美食，坛子里的柿子饼，玻璃缸里的柿子干，是我取之不尽的宝藏。

我跳绳的猴皮筋、踢毽子的铜钱、刻画用的彩色蜡光纸,甚至小人书都是用柿子和小朋友换的。

柿子不是贵重的水果,但它金子一样注入我的童年。如今那柿子又挂在窗外了,物是人非。我怎么能不心弦纷乱呢。

哭叔父

飞机，火车，汽车，三轮车。几天的辗转奔波，终于回到了生我养我的故乡。没有一分钟的休息，直奔叔父的坟地。村南高地上的小树林里，那新鲜的黄沙土，还散发着新翻泥土的气味。坟头的红椿树光秃的枝丫上，一只乌鸦呱呱在叫。孤零零的坟墓低矮渺小，没有鲜花，没有祭品，更没有墓碑，连土坟都没有被拍打几下，土坷垃松松堆起一堆，像堆在田间的一抔粪肥。这里面是我再也见不到面的叔父，我的又矮又瘦，经常眯着眼微笑的叔父。

按说，60多岁的叔父不是英年早逝；按说，叔父一生疾病缠身，这次心衰而死，没有受死神太大的折磨也算上天仁慈。本来，叔父的死最悲痛的应该是他的妻子儿女。可是，叔父终身未娶，我的童年一直和叔父生活在一起，我们称他小爹。其实，叔父不是我的亲叔父，是我爷爷的续弦生的，但我们从小在一个锅里吃饭，叔父没有孩子，一直把我们当自己的孩子看待，所以，感情比至亲还亲。

叔父从小身体不好，发育不良，个头小，又有气管炎的宿疾，据说读书很聪明，也因为身体的原因，中学没有毕业就退学了。

从坟地回到叔父的家里,看到那在寒风中瑟瑟发抖的泥坯房,我立刻放声痛哭。那是两间青砖做基的泥坯房子,单薄得似乎一脚就能踹倒。黄泥的墙上到处都是裂缝,裂缝里藏着陈年的树叶。屋顶灰色的瓦很多断裂了,灰黑的青苔斑斑驳驳。在邻居新盖楼房的白墙红瓦之间,更显得无比凄怆。

走进屋内,地是坑坑洼洼的泥土地,墙壁还是原始的黄泥。一张坏了两条腿的破木床,用旧砖头垫上。床上铺着陈年的高粱秸秆,被子还是几十年前我熟悉的花纹,用手一摸,冷硬如铁。整个家里一无长物,一个荆条编的粮囤最显眼,里面是半囤小麦。还有一张满是缝隙的八仙桌,上面有饭渍、煤油的污迹,还有几粒老鼠屎。一只十五瓦的灯泡吊在房子的中间,墙角处有一只泡菜坛子,发着幽幽的青光。

天哪,这是我叔父的家、生活在21世纪的家,没有任何电器,没有任何家具。我寻了半天,只在油腻的枕头旁,有一台收音机,满身缠着黑色白色的胶布。我拨了一下,只能收到一个台,发出吱吱哑哑颤抖的声音。我的眼泪再一次夺眶而出。我可怜的叔父,我在美国住洋房别墅,各式各样的车辆应有尽有,电视机扔掉无数,我怎么没有想到你生活得如此清苦。

叔父,一岁时,你天天把我抱在怀里。两岁时,我每天坐在你推磨的磨棍上,到现在,我还模糊记得那晃悠悠的感觉。

天外的乡愁

三岁时,你背着我赶集,买炒花生、糖葫芦。四五岁时,你带着我捉鱼虾,掏鸟蛋,用竹篾编各式各样的蝈蝈和鸟的笼子,用黄胶泥捏飞机轮船及各种玩具。你用泥做的葫芦状中空的东西,能吹出美妙的音乐,你用最好的桑木做出最优美的陀螺,还画上精妙的花,配有精致的羊皮的小鞭子,全村的孩子都羡慕我有这么多的玩具。我的乳名叫丽娃,意思是美丽的娃娃,因为天生一头卷曲的黄发,像个洋娃娃,村里人给我另取个外号"洋丽子"。你说我天生不凡,将来肯定有出息,编了很多的歌谣给我。

洋丽子/翻跟头/一翻翻到天那头/天那头,啥都有/猪肉,羊肉,随便煮。

洋丽子/头发黄/背着书包下南洋/南洋热,南洋苦/乘着飞机去欧洲/欧洲大,欧洲富,/坐上轿车上哈佛。

这些歌谣在村庄和小学校不胫而走,我成了大家羡慕的歌中人物。

这些歌谣是你对生活最朴素最美好的向往,是你对我莫大的寄托和希望。现在,我除了没有上哈佛,几乎所有的歌谣都变成了现实,可是你的生活还是几十年前的样子。

我读的小学。离家二里路,中间隔着一条干河,一到下雨就泛滥,你就把我驮在肩上,送我上学。记得这时你经常问我,长大了有了本领干什么?我就抓住你稀疏的头发,甜甜地说,长大挣钱买很多的糖葫芦给小爹吃。你高兴得哈哈大笑。

你身体不好，经常弄些土方治病，记得有一次煮鲫鱼，你把鱼肉都给了我，你只吃骨头，喝汤。做核桃萝卜汤，你把核桃仁都给了我，你只吃萝卜。做川贝炖梨，为了不让我觉得苦，你坚持不放川贝，只放蜂蜜。我考上大学后，给你写过一封信，你把这封信读给村里所有的人听，信都破碎了还天天装在口袋里。出国后我打过一个电话，打到小学校去了。你一口气跑到学校，几乎背过气去。

可是，我一离开村庄就把你淡忘了。这么多年，我何曾给你买过一串糖葫芦？直到你死，我突然回忆起，你好像从来没穿过新衣服，一年到头都是一身灰不溜秋的衣裤。你好像从来没有被人注意过，彻彻底底地生活在灰色地带。

叔父生在新中国成立前夕，那时我家有大片良田，听母亲说，土改前，叔父三岁，穿着光鲜的衣服，脖子上带着闪闪发光的银项圈，还很调皮。可惜叔父对早年的富足一点印象也没有留下，只记得爷爷的死。1951年，我家大片良田归公，因母亲是土改干部，据理力争才没有划为地主，爷爷连气带病含恨死去，临终时连一口棺材也做不起，像猫狗一样用芦席一卷，草绳子扎几下，几个人抬到地里就埋了。叔父当时还不知道哭，在那芦席下钻来钻去。他还不知道，从那时起，他悲剧的人生已经拉开了序幕。

天外的乡愁

  人民公社后的农村，农民连基本的温饱都不能保证，叔父残疾的身体注定了悲剧的命运一页页翻开。那时候靠工分吃饭，男劳力一天十分，未成年者六分，妇女八分，叔父介于妇女和孩子之间七分。这是一种无声的屈辱和无奈的尴尬，但你无法摆脱。

  因此，你一生没有过爱情，甚至没有人给你提过一次亲。你是条件不好，个子只有一米五几，又有气管炎的毛病，但总该有哪些缺陷的、残疾的、寡妇之类，你纤尘不染，你的一生与爱情无缘。

  你的青壮年正是我的童年，我不懂你当时的心情，但我记得你做的事。你身体不健全，但你有健全的心灵，听人说"编席打篓，养活几口"，你为了证明你有养家的能力，不分白天黑夜地用高粱秸编席子，用荆条编筐子，用竹篾编篮子，逢集就背着大大小小的筐子篓子到集上卖，还把沟河路坝不能种庄稼的地上都种上了编席的芦苇和编筐的荆条。人说"养母猪，栽桐树，几年就成万元户"，你把能栽树的地方都栽上了桐树，你捡蝉蜕皮，扒土鳖虫卖给药材铺攒钱买了一头母猪，还天天到野外挖野菜，到河里捞水草给猪吃。你还别出心裁，自己研究出改良果树的方法，种出的桃子又大又甜。

  叔父，在做这些的时候，你的心里是不是在想一般农村青年都想的事情，讨个媳妇，有个家，正正常常过日子。但是，该做的都做了，你终于还是没娶上媳妇，连一个提亲的也没有。

模糊地记得你对不公平的命运曾有过以死抗争。在一个春天，半村的人都惊呼"王庆喜跳井了，王庆喜跳井了……"不久，我看到你被几个人抬进屋，浑身都湿透了。一定有难言的痛苦让你痛不欲生，一定有无法摆脱的忧愁让你宁愿跳进那幽深黑暗冰冷的井里以求解脱。

你对我说过，你20岁那年，村上的年轻人都到河南平顶山拉煤挣钱，以你一米五的身高，常年带病的身体，别人拉两千斤煤，你拉一千八百斤，走几百里路，那是怎样的一种艰难？可是你去了，几百里路，一千八百斤的重负，一步一叩首。一定是怀着什么美好的希望，要不然怎么能坚持下来？我记得很多次，你用板车拉着满满一车土红色陶盆，车把上系一袋乌黑的红薯面的窝头，窝头旁一只掉了瓷的水杯子，走村串乡卖红盆赚钱。你这样辛苦地挣钱，心中一定有梦想吧？你的梦想是什么，到现在我也不知道。

你生命里最光彩的一页是做爆米花的时候，那时候，你正当壮年，当时农民种的粮食不能自给，挣钱毫无门路，你省吃俭用买了一个爆米花机子，用板车拉着爆米花机子走街串巷爆米花，一天能挣几块钱，比我父亲的工资高出几倍，那是你最光彩的时候，经常买肉给奶奶吃，肉香飘满半个村子。可惜没过两年，土地包产到户了，粮食产量成倍的增长，经济也搞活了，改革的大潮扑面而来，你那一缕发光的梦就像三岁时脖子上的闪亮的银项圈，很快变成了云影，被时代的浪潮抛向更遥远的边缘。

听家人说，叔父临终前，除了告诉我哥哥他一生积蓄的一点钱在哪儿，就似醒似梦地说了几句话："……我那时候，爆玉米花……口袋里有过钱……但离家远……吃不上热饭，啊啊，命苦啊……"接着又断断续续地说，"……娘啊，我见不到你了啊，啊……"叔父临终前是这样哭的，听哥哥说，哭声短促但撕心裂肺。叔父啊，你灰色的人生值得回忆的也只有这些了，唯一留恋的也是百岁的老娘。

叔父，身体的残疾加重了你对精神的追求，精神的追求是否加深了你身心的痛苦。你一生做了一般农民都做的事，如犁田耙地、施肥收获。你也做了一个农民分外的事，如编席打篓、走街串巷辛苦挣钱。你更做了一般农民从来不做的事，那就是读书。小时候，经常看到你蹲在树底下或墙根上，读一些没头没尾的发黄的线装书，至今不知道那是些什么书。记得有一次，你拉一车粪肥到几里外的北湖田里送肥，我坐在你车把上，上岗的时候，你奋力拉车，头几乎接触到地面，车绊带深深地陷进你的皮肉里。上岗之后，你汗流满面，张大口喘气。我看到你滑稽的样子咯咯直笑。你看着我，顺便从路边的柳树折下一根柳枝，做一个柳笛，郑重地说："有智吃智，无智吃力，叔叔智慧不够，只能吃力，记住，体力劳动是没有出息的。"你指着公路上正跑着的一辆卡车说:"你看那辆车上装了那么多的东西,那司机坐在驾驶室一点儿也不累。你长大了要好好读书,跳出农门。"

叔父,你是聪慧的,你关心国家大事,中央每届领导人你都如数家珍。通常你还能对时局作出正确的判断。整天把克林顿、布什挂在嘴上。听人说,你一个晚上为了看一段新闻,往往拿一个馒头,端一碗清茶要跑几家,还特别关心美国洛杉矶的天气,你时刻关心着我的冷暖。

叔呀,我怎么就没有想起来给你买一台电视机呢,能让你在有生之年安安稳稳地看一段新闻。我只知道给你钱,但你舍不得花,临终时全数留给了我们。

叔呀,你卑微得像一棵草,但草还有逢春的时候,你的生命里却没有春季。你轻贱得像一块砖头,但砖头在建房时也有被拿起来看正一眼的时候,你的一生却从来没有被谁正视过。你清贫无欲的灰色人生,你无色无香的寂寞年华。你怎样克服青春的苦闷,你怎样压抑对爱情的渴望,你怎样用病弱的身体承担繁重的田间劳作,你怎样以最简朴的生活对抗对未来的恐惧?

叔呀,你像田里的一茬庄稼,说过季就过了。你像旧时梁间的燕子,再也不会回来了。很快,你的坟头就被青草占据。叔父,你会像家乡河坝上的青草那样,永远常绿在我的梦里。

那一片红薯地

久居异国他乡，常常想家，想那童年时乡下的家。一想家，夜里就做梦，一做梦就会出现那一片绿叶弥漫的红薯地。于是，那种感情复杂的乡愁油然而生。

我的童年，那个物质还很匮乏的时代，红薯控制了我的家乡，因红薯的产量高，能填饱肚子，遍地都种红薯。红薯挤走了几乎所有的庄稼，原本种麦子的地也改种春红薯，也有一些地，麦子收了还种红薯，叫麦茬红薯，这种麦茬红薯含淀粉少，不能晒成干，就藏在土窖里，过冬吃。那时候，一年四季，一日三餐，都离不开红薯。实际上，红薯的含糖量太高不适宜做主食，但它却是我们唯一的主食。那时候的人只知道填饱肚子，通常早上红薯面的窝头，中午红薯面面条，晚上红薯汤。说实话，红薯的味道并不差，煮熟了的红薯如果偶尔吃一顿，香甜可口，冬天在城里也经常看到卖烤红薯的，远远地就能闻到它香甜的气味。但可怕的是天天吃、顿顿吃，又没有其他佐菜。乡里人形象地说："天天光屁股红芋就光屁股嘴，吃不消啊。"

红薯吃多了，胃里发烧，吐酸水，俗称"烧心"，我也烧过很多次的心，胃里火烧火燎的，燥杂翻腾，又酸又辣又苦的东西往上冒，很不是滋味。大部分的人都犯胃病，都说"十人九胃"，就是说十个人有九个都有胃病，大家都认为正常，没人去治疗，实在受不了，就抓一把芝麻嚼一嚼，说是有效果。

那时候，地上长的，屋里藏的，地窖里埋的都是红薯。红薯面做成的馒头又黑又硬，像秤砣，味酸，吃起来形象凄怆。红薯面的面条，因为面里含蛋白质少，容易断，只有一寸长的样子，叫作"蝌蚪面"，口感很差，很多人就拼命地咬生的大蒜头，所以胃痛的人很多。记得小时候进城上学，不知谁知道了我是从乡下来的，就背后叫我"红薯面"，那是极大的侮辱，红薯和乡下人，和土老帽是相同的代号。看着城里人吃得喷香的大米饭、松软的白馒头，自卑得无地自容。

夏天，乡村被茂密的红薯秧包围，下饭的菜、喂猪的食物，都从红薯地来，到处是枝叶繁茂的红薯地。每天放午学回家，正是面条下锅的时候，奶奶总叫我到地里掐些红薯叶下面条，每次都嘱咐我："顺便多掐些，猪也要吃的。"晚上吃红薯汤的时候，奶奶也总是说："还要吃吗？不吃我就倒给猪吃了。"我总觉得不是滋味，我是人啊，怎么总和猪吃一样的东西呢。

我最怕夏天，翻红薯秧总是在夏天里最热的那几天，因为红薯的生命力很强，最热天翻红薯秧是让翻开的红薯秧不会再扎根，不再与红薯的块根争营养。城里人，坐在电风扇下面，喝着冷饮还喊热，我们在毒辣辣的太阳下，拼命地拉那互相纠

天外的乡愁

结的红薯秧,头上的太阳像烈火,潮湿的地面像蒸笼,单薄幼小的我只有八九岁,就在铺天盖地的红薯地里挥汗如雨,那份艰难蒸煮使我恨透了红薯,暗暗下定决心,一定要离开这倒霉的红薯地。

但是,夏天里没有新鲜的红薯似乎生活更加艰难,早上的红薯粥变成了红薯干粥,没有了红薯的甜,多了红薯的酸苦,而且常常有一层小白虫漂在粥的上面。晚上的红薯汤变成了各种各样的野草、树叶,说是可以消暑,实在难以下咽。最多的是扁竹叶,最可怕的是蒲公英,特苦,加上天气酷热,孩子们都吃不下那一成不变的粗饭,说是"苦夏"。一个个面黄肌瘦的,所以又盼望秋天,秋天就有新鲜的红薯了。

秋天是一年里最关键的时刻,一年的口粮都靠这时的收成,青青的红薯叶子连根割掉,紫红的红薯一嘟噜一嘟噜从地里刨出来,很快满地里堆满小山似的红薯,挖出来的红薯要转移到干爽的地里削成片晒成干。搬运是从红薯地搬到刚播种好的麦子地,全靠肩挑手提,我也尽可能帮忙,提一篮子红薯,走不了几步,臂弯压出深深的紫印,有时也把红薯装在布袋里背在背上,幼小的背弯成一棵豆芽菜,那种负重的艰辛早已尝过。

在干爽的空地里,母亲用特殊的刀子把一堆堆的红薯哗啦啦切成一堆薄片,奶奶像撒网那样把红薯片撒开,我专门把叠在一起的分开,保证每一片都不会重叠或相压。红薯片要在晴朗的太阳下晒三天才干。最揪心的事情是，这三天里，如果下雨，切开后的红薯淋到雨，几天内就会全部霉烂，一年的收成就全完了。这时候，当家的人是夜不能寐的，全家人处于战备状态，夜里常被叫醒去地里抢拾红薯干。其实抢回来也没用，眼睁睁看着烂掉。母亲不断地唉声叹气。若正常晒干，一大片地白花花硬邦邦的，像一地白银，一家人一边聊着天一边收获，大筐子、小篮子，拾满了，就倒进粗粗的麻袋里。一家人欢声笑语倒进床前的大囤里。

我的床前就是一个装红薯干的大囤子，每天伴着，有一股甜丝丝的苦味，饿时也会咬上几口。夜里，也会有老鼠过来偷吃。我听到后，从来不赶它们走，因为奶奶总是说："吃剩的红薯给猪吃，吃剩的红薯叶给羊吃。"老鼠很可怜，让它们偷着吃点吧。

每隔十天半月，奶奶都要去十几里路外的县城把红薯打成面，去时是用粗麻袋装着的红薯干，回来时是用细棉布装着的面口袋。我一个人在家害怕就跟着奶奶一起去，常常是天不亮就去了，踏着月色回来。冬天的夜里，西北风呼呼地刮，冷风透过棉袄，直透肌骨，最可怜的是手和脸，没处躲藏，空旷的土路上，一轮寒月如水如霜，常常会有夜行的狐狸出现。我问奶奶狐狸吃什么？奶奶说："狐狸吃鸡。"

我很羡慕，就问奶奶："那人吃什么？"

"人吃红薯。"奶奶回答。我想不通,就问:"为什么?狐狸吃鸡,人还不如狐狸?"

"上天早就定好的,狐狸吃鸡,猫吃老鼠,大鱼吃小鱼,小鱼吃麻虾,麻虾吃泥土,你看,蛇很厉害吧,鹰一口就能咬死它,天下事就这样,一物降一物,改变不了的。"奶奶的脸在月光下肃穆而神秘。我觉得自己吃红薯的命运看来似乎难以动摇,有一种说不出的无奈和伤感。

其实,红薯也有美好的时候,奶奶疼我,每天早上我还没起床,奶奶就烤一个热腾腾的红薯送到我的被窝里。做完饭后,总埋一个红薯在草木灰里,午饭前,我玩饿了,就扒开灶下的草灰,一定有一只焙的喷香的红薯卧在里面。太阳好的时候,奶奶挑一些个子小的红薯,放在房顶上晒,晒到皮皱发软的时候,取下来放在蒸笼里蒸熟,又香又甜,赛过现在的冰激凌。

过年时,母亲选最大最甜的红心的红薯,扒了皮放在高压的大锅里,加上麦芽煮成黏稠的糖稀,爆一大篓的米花,放上糖稀和炒熟的花生米,平铺在案板上,切成方方块块,或用竹筒压成浑圆的形状,做成米花糖,吃起来又香又甜。

很多年过去了,红薯的酸苦已渐渐远去,红薯的香甜却越来越清晰,现在我的家乡,红薯早已经远离了餐桌,红薯的味道也只剩下了甜美。那一片青青的红薯地,在我的梦里永远地茂密着。

第5篇

其 他
QiTa

珍珠祭

秘情果

吃花的女子

青春留香

下午茶

珍珠祭

在上海城隍庙的珍珠市场,我千挑万选买了一副珍珠耳环,大如小雀卵,晶莹圆润,瑰丽多彩的黑珍珠,价格不菲。没想到在回老家的火车上,丢了一只,在回美国的飞机上又丢了一只,看来我与珍珠是无缘的。其实,我与珍珠也有过缘分。

九岁那一年的夏天,我在家门前的沙河里玩水,被一种锐利的东西割破了脚,摸起来一看,是一只婴儿手掌大小的河蚌,褐色的,略呈三角形,表面有许多皱纹,掰开来看,河蚌还活着,奶黄色的蚌肉一呼一吸地蠕动,有两只绿豆大小的晶莹的小珠子埋在半透明的薄膜里,不是很圆,像水滴的形状,像是鱼的眼睛。我高兴极了,忘记了脚痛,一口气跑回家给奶奶看,奶奶看后,面色阴沉地说:"在哪里捡到的,丢到哪里去,这东西不好,得了这东西的人要一生掉眼泪的,对女孩最不好。"我很不以为然,在那个年龄不知道眼泪意味着什么,我就把这两颗东西用胶水粘到原来的贝壳里,把壳上的皱纹磨去,摆在文具盒里作为装饰。

有一天,语文老师偶然注意到我的文具盒,就拿起来端详了半天,问我哪里得的,我说在河里摸到的,她说:"听说蚌病生珠，这就是珍珠。"

这就是珍珠呀，我也很惊讶，我虽然没有见过真正的珍珠，但关于珍珠的传说听得很多。最熟悉的是阿里巴巴的故事，每次听到"芝麻开门"的时候，我的眼前立刻出现满山洞的熠熠生辉的珍珠玛瑙。

西方传说中认为，珍珠是大海的眼泪。印度人认为，珍珠是神灵将晨露点化，是用来迷惑人的。你看希腊雕塑《维纳斯的诞生》，维纳斯女神站在一个巨大的贝壳之中缓缓升起，她洒落的海水变成了珍珠。记得在读陆游的词《钗头凤》的时候，其中有一句"泪痕红浥鲛绡透"，父亲告诉我，"鲛"是传说中的南海外的一种鲛鱼，可以化作美女的形状，会纺织一种布，透明如蝉翼，所以称鲛绡，还说这种鱼会在月明的晚上哭泣，流出的眼泪会变成珍珠。

最美的故事是奶奶说的。在夏日的夜晚，奶奶望着明亮的月亮告诉我："从前有一只海贝很漂亮，满月一样大，透明透亮的，在月光里发出七彩的光。这只海贝却爱上了天上的月亮，每到月明的晚上就对着月亮诉说情怀，但是月亮就是不理会，海贝只能把眼泪流进肚里，那些眼泪就变成了一粒粒的珍珠。"

真没想到我这么幸运，竟然摸到一颗有珍珠的贝，尽管珠子还没有成形，尚在胚胎之中，但毕竟是育珠之胎。

老师让全班同学传看了我的珍珠，并讲了蚌病生珠的故事。

说是河蚌不小心把沙粒等异物带进身体里或者自己的身体生了病，河蚌很痛苦，就分泌黏液包裹它，久了就生成了璀璨的珍珠。原来珍珠是这样来的，我对它立即产生了异样的感觉，觉得珍珠是有生命的，而且是产生于痛苦的生命。

老师还说，珍珠是很珍贵的，乾隆年间，波斯人进贡了一颗珍珠，价值连城。因为珍珠神秘的光泽，加之来之不易，被封为宝石之后。许多达官贵人以拥有珍珠而自豪，慈禧太后不仅戴珍珠，还吃珍珠粉，死后睡在几千颗珍珠做的床上。英国女皇伊丽莎白二世的王冠上就镶有5000多颗珍珠。

从此，我对珍珠就入迷了，每次下河总想得到珍珠，后来干脆把摸到的河蚌放在水盆里，而且故意把沙子放进河蚌里，希望它能长出珍珠来，就像吃完了苹果把果核埋在院子里，希望能长出苹果树来，我也知道那几乎不可能，但那种痴心是无法改变的。

长大之后，对所有的金银玉钻都没有兴趣。它们虽然璀璨夺目，又高贵典雅，但我总觉得它们根本不属于自己，它们地老天荒地存在着，与我的生命毫无关系。我喜欢珍珠，因为珍珠是有生命有思想的，而且会老，"人老珠黄"。人们总把女人比喻为花，其实女人更像珍珠，珍珠简直就是用来表述女人的一种语言。珍珠是流水与生命凝结而成，像女人经流年和磨砺才有珍珠般的气质。珍珠的光泽细密内敛，变幻莫测，就像女人魅力四射，而且由内而外。上好的珍珠浑然天成，不需任何加工，就像纯洁的少女，天然去雕饰。珍珠掉进污泥会黯然失色，就像女人没有爱情会很快枯萎。总之，珍珠与女人休戚相关，惺惺相惜。我爱珍珠，认为珍珠能照见我的生命，珍珠和我息息相通。

男朋友到九华山出差，我让他带一串佛珠给我，那种檀香木的佛珠，他却买了一串珍珠项链给我。我又惊又疑，惊的是我太爱珍珠，他竟然知道我的心。疑的是那么一长串的珍珠，看起来个个圆润，要花不少钱，他不是个有钱人。同时又很怕，我很怕那珠子是假的，我不喜欢任何假的东西，特别是男朋友送的。我拿在手里一会儿，觉得轻飘飘的，一根化纤的绳子串起来，接头处的白铁的扣环已经生锈了。我试着打开扣环戴起来，不料绳子突然断了，珠子哗啦啦掉下来，一个也不剩。一种不祥之感油然而生。果然，他是一个不真实的男人。

直到现在，随着珍珠养殖业的兴起，珍珠不再是那么贵了，但我却始终没有一件中意的珍珠饰品。

有一天，我去南加州的一个城市圣地亚哥旅游，见有一个赌珠子的摊子，游人付几十美元，可以从大桶里随意挑一个河蚌，然后当面打开，如果有珠子，就拿走，还可以当场做成首饰戴上。我在旁边看了一会儿，见每人都很幸运，个个都得到了珍珠高兴而去，轮到我，连赌两次都没有珠子，而且我赌珠子时敲锣打鼓的声音最大。老板不好意思就送了我一颗，我坚决不要，不属于自己的勉强不来，何况珍珠又是有生命的。

看来，我与珍珠真的无缘。现在人工养殖的珍珠已经充满了市场，旧时王谢堂前燕早已落入平常百姓家。看着那市场上琳琅满目的各类珍珠，像廉价的眼泪。再看养殖场里那些受苦受难的贝类，对珍珠的向往开始迟疑。

然而，我却更加想念真正的自然天成的珍珠，希望有一天，能得到真正属于我的那颗珍珠。

秘情果

刚买了房车，急不可耐地要开出去，周末时间有限，就在附近的露营地找车位。因为天热，附近海边的位子全部满员了。我们像蜗牛一样没有目的地转来转去，又转进沙漠里一个叫棕榈泉的城市。这正是沙漠里最热的时候，今天又是夏天最热的一天，120华氏度的高温，这个时候来沙漠旅游，多半是疯了。平时去沙漠都是从15号公路，今天换了一条路，选择了10号公路往东。这条路沿途景色比15号公路要生动一些，在大片的棕灰色荒野里，时不时会出现一些泛着绿意的小村落。大约两个小时后，我们就到了棕榈泉，这是附近沙漠里除了拉斯维加斯之外的另一颗明珠。这里虽然没有赌场，却有着很多高尔夫球场，个个绿草如茵，泉水叮咚，冬季里阳光普照，温暖宜人，所以，这里成了继洛杉矶的比华利山庄之后另一个电影明星度假地，一座座豪华别致的建筑，个个都华美得像宫殿一样。但我心里惦记着沙漠，很快与它们擦肩而过。

从棕榈泉往南不久，热浪滚滚的沙漠里出现一排排绿油油的高高的植物，美得像是海市蜃楼，走近才知道是椰枣树，早听说椰枣是长在树上，在洛杉矶市内我观察过很多这样的树，从来没见过果子,这里个个挂满果实,像香蕉一样,果实是一挂一挂的,从树顶上叶子的根部分出,每一挂有二三十斤重,密密麻麻的果实像是用线串起来的,什么叫果实累累,只有椰枣才配得起这个词。现在正是椰枣由青转红的季节,一串串红玛瑙一样藏在巨大的绿叶下面,神采奕奕,在120度的高温下,让人有说不出的敬佩。

椰枣的营养很丰富,6到10颗椰枣就能维持一个人一天的营养,在热带沙漠里,人们常常以椰枣为主食,往往有椰枣的地方就有人类,有人类的地方必有椰枣,椰枣含有丰富的性激素,据说,吃了椰枣的人更向往爱情。

记得第一次吃椰枣是在上小学的时候。一天早晨,同桌的男孩悄悄送给我一个包着的花手帕,我打开一看是三颗枣子样的东西,棕色外皮皱巴巴的,我咬了一口,厚厚的果肉,香软绵甜,好吃极了。

"哪来的仙果?"我问:"叫什么名字?"

"我姨父从沙特阿拉伯带回来的,叫伊拉克果,妈妈说一次只能吃三颗,这三颗分别代表过去、现在、将来,吃了三颗,一生都像这蜜枣一样美好。"

我说:"不如叫三生果,让我们吃后,今生、前生、后生都美好。"

小男孩笑了一下说:"我只要一直和你同桌就好。"

我想了一下说："这不是很容易吗？"我一边说一边去吃第二颗枣，小男孩忙说："现在不能吃，要每天早晨吃才灵验。"

后来，我记不清另外两颗是什么时候吃的，只记得，不久我就转到城里去上学了，从此再没有见过那男孩，也再没有吃过那果子。

第二次吃是在医学院读书的时候，那一天是我的生日。下课后，一进宿舍，就看见同宿舍的一群女生围着一个白色的纸箱子叽叽喳喳，一看到我，就说："主人来了，快开箱吧。"

我打开一看，是满满一箱硕大饱满的椰枣，另有一束玫瑰和一张卡片，写道"投以木瓜，报以琼瑶。"看了署名，我吃了一惊，这是班里最小的那个男生，一个憨厚的亳州男孩，我赶快命令："不行，不行，这礼物太贵重了不能收，这个男生我从来没有正眼看过他。"我像被火烧到一样不安。

女生们大叫起来："啊，太残忍了，这么多好吃的蜜枣啊。"

因为在宿舍里有一个不成文的规定，所有的零食是大家分享的，尤其是别人送的，特别是男生送的，我想了一下就说："要不然谁去打听打听，问问怎么回事？"

王世红自告奋勇地去问了，回来汇报说："那个男生想认你做姐姐。"

大家都明白是怎么回事，但大家都心照不宣，谁也不愿意说破，为了吃枣，谁也不说实话。宿舍才女徐晓亚亲自执笔，写了一个不伦不类的回帖"姐在前世，司弟以枣，尔今送枣，以枣了了"，意思是说：我前世是你姐，曾经用枣喂养过你，现在你送枣来，是还了前世的缘了。就这样，稀里糊涂地打发了那男生，把枣子分吃了。

这两次吃枣都有些于心不忍，但那时青春洋溢，做了多少错事都会被时间淹没。到了美国南加州之后，这里椰枣遍地，虽然价格不菲，也常饱啖，今天来到椰枣之乡，决定狂买一番，问一下价格，9美元一磅，还是比想象的要贵，就问店员为什么价格这样高，胖胖的墨西哥裔女店员表情夸张地解释着："不贵的，这果树很难养的，种植十年以上才能结果，怕冷，怕雨，怕旱，又有虫来咬，鸟来吃，采收和储存都很困难。你看那树上，每树果子都要用特殊材料包起来，要鸟不能吃，又要透光，而且也不能全部包起来，鸟会啄破袋子的，总要留一部分给鸟吃的。"

"看起来是够辛苦的。"我说。

"是真的很辛苦，椰枣树很挑剔，要高温，少雨，而且湿润。"

高温，少雨，而且湿润，这太难办了。要高温，无雨，只能是热带沙漠，要湿润，又怕雨，只能是靠地下有泉水。以前认为椰枣树耐热、耐干旱，是沙漠勇士，看来全然不知内情，原来它们是另有隐情，那就是它们不是不要水，而是需要地下的泉水。沙漠地方很少有泉水，看来椰果的确特殊。我们知道任何果实都是植物爱情的结晶，只不过椰果的爱情来的隐秘。不由得让我想起了一种果实的名字——"秘情果"。第一次知道这个名字是在《红楼梦》里，说是在西方灵河岸，有一株绛朱仙草，渴饮灌愁水，饿吃秘情果，久之郁结了一腔缠绵不尽之意，后来得天地之精华，幻化为人形，因爱生情，由情生悲，终日泣泣。不知道这种秘情果是什么样子。

想到这里，我再也吃不下这甜蜜的椰枣了。

吃花的女子

有一天，在华人超市看到油菜苗，顶上有一簇簇的黄花，我很高兴，就买了两把，回去弃去老梗枝叶，只留下金黄的菜花。洗净后在鸡汤里烫了烫，再用蒜茸爆炒了端上餐桌，依旧叶绿花黄，一盘春色。老美看了一眼，吃惊地说："这是吃的吗？你确认它没有毒吗？这么黄的花。"

"放心吧，这花没有毒，我就是吃花长大的。"我夸张地说。

的确，我吃过很多花。小时候经常去挖野菜，而且我偏爱带花的野菜，如荠菜、苦菜。荠菜是刚开花时最好吃，根、叶、花一起吃，味道最好。荠菜大家都熟悉，不必多说。我要说的是一种紫花菜，比荠菜稍微晚一点开花，喜欢开在沟坎路坝和坡地上，样子大小像刚培育出的兰花苗，每棵只开一朵指甲大的深紫色的花朵。春日融融，我拎一个玩具大的精巧的竹篮子，在开满紫花的坡地上，一边追赶着蜜蜂蝴蝶，一边漫不经心地挖花。回家洗净后，整株放进汤里煮，我专拣那花瓣吃，有春天田野的香气，滑溜溜的，很好吃。

我不仅在地上挖，还常常从树上摘花吃。比如槐花、榆钱等。槐花不仅好吃，而且很美，槐花开时，满树雪白，村庄到处弥漫着槐花的香甜。刚从树上摘下的槐花总是带着碧绿的嫩叶，满篮子的玉白翡绿，温软香甜。洗净后撒上薄薄的面霜，在蒸笼里蒸熟了，拌上蒜茸麻油等调料，是难得的美味。只有含苞待放的槐花最好吃，离树几小时后，槐花那春天般的香气就慢慢消失了，所以只有住在离树不远的人家才能享受真正的槐花香。那一串串钱币状的榆树花，可蒸，可炒，可煮，可拌。还有那一簇簇的楚树花、桑树花，外形有点儿像虫子，吃起来也有火腿的香味。最难忘的是楸树花，鲜时味道浓烈，可以先在开水里烫一下，然后晒干，和碎肉做成馅，用五谷面蒸成薄皮的包子，让人回味无穷。

夏天里，奶奶去菜地里摘菜，总会特意带回来几朵硕大浅黄的南瓜花回来，放在菜汤里煮了，单挑给我吃。我家的花园里有很多可吃的花，葛藤花、紫荆花、木芙蓉，最多的是金针花，也叫忘忧草，它的花可以洋洋洒洒地开完整个夏天，不仅可以鲜吃，烫后晒干，还可以做成多种菜肴。收集茉莉花是我的专利，六月里，满篱笆的茉莉几乎都认得我，我拿着小木碗，一颗一颗摘，一朵也不放过。一边摘一边吃，茉莉是做茶用的，并不好吃，我太爱它们，就忍不住要吃。桂花是我母亲的私有财产，她把桂花的花苞摘下晒干，做成各种美味，桂花圆子、桂花莲藕、桂花香猪肘。过年时分给左邻右舍做桂花汤圆、桂花甜酒酿。

当然，吃花也有痛苦的时候。记得有一年害眼病，母亲逼我把刚摘下的还带露水的忍冬藤的花生生地吃下，太苦了，不堪回首。青春期月经不调，母亲不知道从哪里弄来一大捆鸡冠花让我吃，味道奇怪难忍。最痛苦的是脸上长青春痘，整整吃了三个月的野菊花、茵陈蒿汤。

中学的时候，暗恋上了物理老师，那是刚从师范大学分来的英俊男生。我好不容易打听到他的生日，千方百计搞到十二朵玫瑰花，心突突跳着来到老师的宿舍门口，却被物理课代表抢先一步，我情急之下，一口气吃光了十二朵玫瑰花。味道不苦，但很涩，有点酸。

上大学的时候，莫名其妙地喜欢上了一个高一届的男生，又莫名其妙地失恋了。我认定了是那个爱穿红裙的，叫"芳芳"的女生横刀夺爱。于是，我恨透了那红裙子、红嘴唇。一夜之间吃掉了校园里所有的红罂粟花，想借助与鸦片有关的东西减轻痛苦，可是那花的味道很淡，一点作用也没有。

结婚之后，住在无花无草的公寓里，很难吃到野花野草了，但一有机会，看到鲜艳的花，会忍不住摘一片，看到四周无人，就放进嘴里，很满足地哼着歌。吃相有点儿不雅，没有了童年的天真和青春的浪漫。但有一次，吃得很惊艳。

那一天是我生日，一大早就去买了菜，顺便在花店买了一大把花，有玫瑰、百合，很多杂七杂八的配花，准备做最喜的清蒸鱼、柠檬鸭，庆祝自己的生日。那时候刚结婚，满脑子的浪漫。鱼蒸好了，鸭炖上了，花也摆好了，红酒也倒上了。看了时间，左等右等不见人，电话也不来一个。每过一分钟，心中的焦急和失望就增加一层，终于忍无可忍，一生气把玫瑰花揪成一堆碎片，还不解恨，用擀饺子的棍子在白色捣蒜钵里一阵乱捣，红色的花瓣，很快粉身碎骨，殷红的花汁慢慢流出。为了让血色更艳，我抓一把白糖放进去，没想到，花汁见了白糖，仿佛花魂附体，立刻晶莹剔透，状如宝石。我心生感动，便给它取个名字——"玉骨香魂"。把那小朵的"满天星""勿忘我"揪下揉碎，丢到醋碗里。煤气上的鸡汤熬得正浓，我撕下"百合花"扔到滚开的汤锅里。还是不解恨，看到阳台上的美人蕉开得正艳，我整朵地摘下，在鸡蛋液里裹一下，放进油锅里，炸熟后迅速捞出，没想到这鲜艳的美人蕉在蛋液的保护下，虽经油炸，容颜依旧，娇媚的酮体在金色酥脆的蛋液里依旧楚楚动人，仿佛身着透明薄纱的美人。百无聊赖里，手握一把米饭捏成心形，细扯一缕缕玫瑰花丝撒在心上，取名"碎心玫瑰"。

很晚了，终于，老公按响了门铃，我不动声色地告诉他，今天我做了特色菜，"香炸美人""百合赴汤""碎心玫瑰"。

"你很有创意呀。"老公一边说一边风卷残云地吃完了我的碎心花宴，竟然只字未提我的生日。从那以后，我就不再吃花了。

今天，面对满院的郁金香花，突然想起，很多年没有吃过花了，那些吃花的往事渐行渐远，无论是苦是甜，都化作一缕缕的浪漫情怀，漂香了似水流年。

生命中还可以再有吃花的季节吗？

青春留香

昨天整理东西，发现一个巴掌大的小本子，翻开一看，是一本十六岁时的日记。日期、天气都有确切的记载。很奇怪，我是漂泊之人，居无定所，怎么会有十六岁时的日记跟随到现在呢？自从十五岁背着一条棉被，离开故乡去求学，就再也没有真正回过故乡，后来又提着一箱漂亮的衣服和几本心爱的书从北方的一个小城去上海，说好的三年回去，但从此再也没有进过那个家门，再后来远渡重洋来到美国，简单的行囊里只几件夏装。这日记竟奇迹般地跟随我到现在，一定有种特别的缘分。

我打开日记，里面是一些潦草的字迹，写道："青春里肯定有一种奇香，让我醉倒在无人的路旁。"这奇香，是什么，来自何方，是有关爱情吗？

童年，我望着天上的星辰/只要目光轻轻一搭/路就出现在不同的星际间/少年，我在地上任性地翻滚/所有的道路都为我开放/现在，我小心翼翼地走在别人走过的路上/所有的激情都只能用来模仿……

这是对人生最初的觉醒，这是青春最初的苦闷。

还有：我就要在这里歌唱/在小河边，在浅草旁，乌青的发丝上蝴蝶翻飞/洁白的裙裾里落花点点。我就要在这里歌唱/直到星星纷纷开始坠落/月亮变成口袋里的冰糖/我并不相信你能逃离……/因为我，翻手为云/覆手为雨。

这是多么美好，多么任性，多么霸气和张狂，多么奢华的青春呀！再豪富的人也不能把月亮变成口袋里的冰糖，再有权力的人也不能翻手为云覆手为雨，不能让所有的道路都为你开放，然而青春可以，青春里你想什么，什么就是你。

顺着模糊的字迹往下，有一段写的是春雨，"今天是雨天，雨很小，毛茸茸的，时下时停，天空偶尔还露出一点太阳的天光，我觉得这灰蓝的天空很像初恋少女淡妆的眼睛，清亮而迷蒙，开合启闭，变幻莫测，时不时地洒下一些缤纷的彩泪。在雨的召唤里，娇花嫩草悄悄地从冬天暗沉的袍子下探头探脑，虽然鲜艳的春装还没有上身，明眸皓齿已掩饰不住了。河边的垂柳绿得晃眼，路旁的桃花鲜得让人心跳，在春雨里更显得粉妆玉琢。花草树木汪汪的满眼满脸都是水，说不出哪是眼泪哪是欢笑。雨不停地下，天空依然有些透亮，雨时有时无，淅淅沥沥，哗哗啦啦，怎么听起来都像是低吟浅唱，怎么看都有一种诗意，一首青春的诗。无论怎样诉说忧愁，这忧愁都是轻快的、透明的，跳动着隐秘的快乐，就像今天的春雨……"这是青春的情怀，语言清新绮丽，犹如乱花迷眼。

天外的乡愁

于是，想起了王安石的一句诗"少年见青春，万物皆妩媚。身虽不饮酒，乐与宾客醉。"青春里万物皆明媚。

当时怎样写下这些句子无从考证，现在看起来，句句让我心惊肉跳。席慕蓉反复吟唱"林间有新绿似我青春模样，青春透明如醇酒，可饮，可醉，可别离"。她说青春是酒，酒的香醇，酒的苦涩，酒的醉人，不就是青春的特性吗。李白的诗，李白的人，为什么那样让人迷恋，因为他的诗性里有一种青春美，"天生我材必有用，千金散尽还复来"，若不是类似青春的东西在血液里，谁敢这样狂？李白让半个唐朝沉浸在青春里，或者说盛唐让李白青春不败，翻开唐朝，整个文化都散发着青春气息，那时国富民强，丰衣足食，女性健美丰满，衣着自由多样，建筑华美瑰丽，连颜真卿书法风格都丰满庾丽，你听，"春江花月夜"这首乐曲，是由唐初张若虚同名诗意而作，听那流畅的旋律，怎样听都是青春式的忧愁，缠绵悱恻，又轻快明丽。

总是叹自己青春暗淡，原来我也有着美的青春，只是青春的水流得太快，太急。

这本日记我会珍藏着，让青春的奇香永远伴随。

下午茶

一直奔波忙碌，居无定所，对茶，那一片片微苦的树叶子，始终没有兴趣。尽管家中的兄弟姐妹都是茶癖，我因为失眠的缘故，一直对茶敬而远之。近年来，受西方生活方式的影响，"下午茶"渐渐在国人当中应运而生。我不喜欢媚外，有意无意地拒绝着。相反，我却是很喜欢咖啡，也是因为睡眠不好，午休时我从来不睡觉，一个人在空荡荡的办公室，自得其乐，百无聊赖之时，喝一杯浓浓的咖啡，很快就提起神了，在静悄悄的午间，正好可以看看书，写写文章，咖啡的香气是扑面而来，不需要费神去品尝，一边看自己喜欢的书，一边喝着香滑的咖啡，真是一番享受。

第一次遇上茶是几年前在上海，那正是一段悠闲的时光，工作不累，衣食无忧。有一天，一个远方的朋友突然要来上海看我，他是一个业余画家，平时会寄一些作品给我，偶尔我也给他的作品配上一些诗句。见过几次面，都是在朋友的聚会上，谈得很投缘，甚至相约，将来有时间了，一起开吉普车漫游世界，当然，谁也没有当真。有时打开电脑，会希望有他的邮件过来，偶尔有他的邮件，到我这里却常常阴差阳错地误了回复。今天，他来得正好，我无所事事的时候，记下他飞机抵达的时间，就早早在一间咖啡馆等待。服务员送来了菜单，我点了一壶碧螺春，之所以点它，只是因为名字好听。一会儿茶就上来了，我盯着这杯茶半天，纤细光亮的翠绿叶子弯曲如螺状，慢悠悠往下沉，浑身长满了茸茸纤毛，带着细密的气泡，茶色由白变黄，由黄变绿，真的是螺卧浅水，春色满杯，喝了一口，柔滑得像绸缎，再喝一口，微苦似甘，慢慢地清香徐徐而来，在舌齿间婉转流连，那种香是难以表达的，世上的香味千千万万，香字只有一个，那是一种淡淡的春天般的香气，难以描述，像是一段迷人的往事，一种远去的爱情，或是恰到好处的友谊，苦也是淡的，甘甜可辨，仿佛是已经忘记的初恋，忧郁的青春，或是童年的遗憾。这一天，我生来第一次与茶倾心交谈，我一边喝茶，一边等待朋友的到来，丝丝等待的苦，屡屡见面的甜，这位朋友，恰如这天的茶，从此我与茶缱绻起来。

那次以后，每在饭店或茶馆必点一杯茶。最有感觉的是在从英国去法国的飞机上，因为早上在旅馆吃得很多，中午在路边小餐馆买了英国的著名小吃"炸黄鱼"，觉得油腻，吃几口就扔了。上飞机是下午三点，只有一个半小时的飞行，不供应餐点，刚入座心里就慌慌的，似饿非饿，似渴非渴，乱纷纷，无所适从，一本杂志翻了又翻。正在这时候，空姐送来了茶点，六粒棋子大的各色点心，一块鸡蛋大小的面包，一杯热腾腾的川宁红茶。我尝了一口点心，说不出的香甜可口，呷一口茶，很醇厚的那种香，带一种醇醇的焦糊味，特别容易勾起陈旧的往事。窗外除了白云还是白云，舱内除了睡觉的都在静静地吃点心喝茶，邻座是一个不知哪个国籍的老人，眼睛始终懒得睁开，我与这一杯茶和几个花花绿绿的点心对视着，互相欣赏着，心无杂念地喝着茶。茶叶是包在过滤袋里的，泡出的茶汤毫无杂质，浓艳如红葡萄酒，我把茶倒进透明的杯子里，打开半个窗户遮板，强烈的光线立刻让这杯茶五彩缤纷起来，我像品酒一样不断摇动着杯子，一缕缕茶香从杯子里溢出，心事也像陈年老窖一样漫出来，这是真正意义的下午茶。这时候，突然悟出下午茶的发明者的慧心之举。

下午茶的发明者是英国一位名叫安娜玛丽亚的女伯爵，她每天下午三四点钟都要让仆人准备一壶红茶，烘焙几样点心，邀上几位朋友，享受一段下午的好时光。到了英国才知道，为什么英国会有下午茶，这个不产一片茶的国度，下午茶如此流行。因为英国的早餐很丰富，中午只有简单的三明治，春夏季节，白天很长，晚上十点半了，天色还亮着，真是"日不落"帝国。社交晚宴八九点钟才开始，下午三四点钟，那些贵族夫人无所事事，茶，这种来自遥远东方的神秘之物成了她们打发时光、借以炫耀自己和谈论别人家长里短的媒介。通常女主人亲自奉茶，选家里最漂亮的房间，或花园里，铺上雪白的蕾丝桌布，纯银的或骨白色的东方茶具，摆上园里采来的最美丽的鲜花，男的穿燕尾服，女的着鲸骨撑起的大摆裙，在悠扬的音乐声中，轻品香茗，窃窃私语。很快成为一种时尚，在各个阶层流行起来。只是这种下午茶，与中国的品茶相去甚远，茶点的烘托胜过茶本身，就像西方的酒吧，到了中国也不再是酒吧，有点像饭店。西方的酒吧只有酒，没有任何佐食，连花生、瓜子都没有。座位很少，一人端一杯酒，晃晃悠悠，穿来穿去，天南地北，海侃神聊，故意的座位不足大概是为了酒客的互动。而中国的茶室很安静，酒吧很热闹。

　　这次来英国，理所当然要喝下午茶，我们大街小巷地寻找，其实，茶室遍及各处，饭店、咖啡馆、商场、无人的街角，大到一望无际的豪华茶吧，小到几平方米的陋室，走累了，四处一望，必有喝茶的地方。点一杯茶，点心可以不拘一格，或一块奶油蛋糕，或几片苏打饼干。我去了一个很有名的下午茶馆，不记得名字了，很大的，用廊柱屏风分隔成七八个不同的区域，没有包间。我要了一杯绿茶，可是泡出的茶仍是红色的，服务生说，这就是绿茶，我也不懂茶，就罢了。很快小推车就送来了点心，宝塔一样的三层，最下面一层是不同口味的三明治，中间一层是八样小点心，最上面一层是水果派。据说，按规矩要先吃最下面一层的三明治，再吃中间的点心，最后才吃最上面一层的水果派。看一眼琳琅满目的摆设，刀叉、勺子、茶托、茶盘、茶壶、茶杯、糖钵、奶杯、果酱盒……单是糖就有几种，方糖、粒糖、无热量糖、棕色糖。那一份体贴入微、温柔之情油然而生，原来一杯茶可以有这么多的陪衬。茶不再是饥渴时的需求，而成为一种心灵的渴求、一种灵魂的优雅的散步。

听说日本的下午茶也很有特色，下个周末去日本茶馆品尝他们的下午茶吧。

第6篇

诗　篇
ShiPian

梦呓李白

苏东坡

天外的乡愁

致嫦娥

祭白娘子

再祭白娘子

无字碑

梦呓李白

谁敢像你那样醉

一醉就是千年不醒

谁能像你那样执着

一生只用一种心情歌唱

也许天下男儿的豪气都聚你一身

你才如此张狂

也许天上人间的忧愁都流向你

你承载了万古愁肠

一挥手，黄河从天而降

一动笔，燕山雪花忽大如席

白发三千丈，寸寸都是剑气柔肠

平生的追求都如花落流水

只有那一支生花的妙笔，沾一点酒气

浪漫了半个盛唐

天才也会迷茫

迷茫才会拼命寻找方向

不应该进入宫廷的窄巷

一只靴子就把你绊倒了

不应该去海底捞月

一点风浪就击碎了整个梦想

金戈铁马也不是你的战场

桃花和血迹在你眼里都缤纷如霞

一生的功名，点滴未成

你的才华只适宜在天上播种

九百篇诗

九百篇的月光酒气

九百篇的壮志豪情

至今闪耀在千年后的天空

千年来

人们只要怀着诗情轻扣月光

便有佳句纷纷飘落

那一定是你

漂泊的脚步

飘然而至

那一定是你不灭的诗魂

仍在天地间徜徉

苏东坡

几欲乘风归去
那只是凄绝的呐喊
你早已捐身于人世
并非高处不胜寒
你舍不下西子
舍不下青山绿水
舍不下鞭笞中的黎民

其实,几缕清风
半轮明月足够使你安享平生了
游刃于儒道佛僧
有余于琴棋书画
诗文,只是你随意抛洒的财富

最不该与那位老师(王安石)狭路相逢
宦海沉浮,谈笑了之
大宋的江山在危机中哀鸣

无辜的百姓在鞭挞中受难

这些，仅仅清风明月岂能救援

乌台的阴云凄惨

难损浩然之气

天涯辗转，一贬再贬

赤子情怀愈磨愈坚

转朱阁，低绮户

才是你不眠的原因

从人类的每次悲欢到历史的每个触角

都不停地打动你高旷的胸襟

从滔滔天宇到卑花细草

都不断地撕扯你那柔韧的情怀

日徘于东山之上

夜徊于斗牛之间

醒来复醉

醉又复醒

捡尽寒枝

找不到灵魂的归宿

于是,选定了一个叫"东坡"的地方

将上下古今张望

你那把酒问青天的杯子

千百年来

谁能匹配?

天外的乡愁
——给三毛

你真的就这样去了
提醒你的只有一只丝袜
感情燃烧到了一个定数
上帝也害怕了
悄悄把你带走
橄榄树无言
稻草人不语
沙漠的骆驼还在风中哭泣
你不得不走了，匆匆挽起那只丝袜
作为你思想长河里的结绳一记

世间的爱有多深，情有多苦
是你主动要求在你身上剃度
心碎了那么多次仍然可以再碎
绝望了那么多回还有希望再生

荷西是你在尘世的一道祥和之光

天外的乡愁

把你洗涤得灵透之后突然离去

从此，谁也进入不了你那片

清明之地

你那双黑黑的大眼睛里储存了多少情感

你要把它撒在撒哈拉

变它成一眼眼清泉

你那纤纤的手心里能涌出多少种子

全都播进荒芜的心田

到底是什么样的不醒之梦让你

终生吟哦

你真的听到了滚滚红尘里隐约的耳语

走遍了万水千山

万水千山也没能把你留住

你的乡愁来自更远的天外

你走了，人世间承担不了你的至情

你走了，天地玄黄也理解不了你的至性

追求的路上饥渴难耐

你终于夸父一样

弃杖而去

身后是一片

情的绿洲

致嫦娥

不是因为多吃了那一份悔药
冷宫，是想飞的女子命中注定的归宿
不是因为天地故意的破釜沉船
情天恨海，本来就没有泅渡的彼岸

古往今来，多少多情的国人洒泪向你
遥遥张望那绝世的美丽
谁的灵魂能穿越那一片奇寒
谁的肩膀能承受长久的艰难

只有李白真心真意地举杯相邀
却在酒醒时刻
背道而驰
投向水底
生生把你揉碎

阿波罗的确抚摸过你柔软的裙裾

也只在于无声处

捡几颗石子便悄然逃离

还制造出耸人听闻的黑色秘密

不是你高傲得不需要风景

是那荒凉的环形山

拷问爱情

祭白娘子

你是妖？还是仙

妖界，仙界都任你驰骋

你为何要千辛万苦来到人间

要想做人，再修炼千年万年对你都不难

你为何选择爱情，这一人间最脆弱的感情形式

西湖的烟雨多少重

凭你的聪明，真的看不出许仙的肤浅

爱你的脚步走不出多远

你明明知道男人的凡俗，情爱的有限

为何还要义无反顾，披肝沥胆

古往今来，有谁比你输得更惨

梁山伯为祝英台而死

贾宝玉为林黛玉而痴

张生与崔莺莺花墙会享尽缠绵

连牛郎也知道天庭寻妻

望穿泪眼

而你生生死死，入地上天

得到的只是无情的背叛

凭你的美貌和贤惠

稍加变通就能落个功德圆满

你却坚定于一个不堪的灵魂

落得人不人，鬼不鬼

压在雷峰塔下永世受煎

镇也不可怕，死也不足悲

悲的是没有得到爱

没有修成人

拿什么安慰你一生的用心

所有的苦难情怀

都变成雷峰夕照里的一抹云影

永不言悔

再祭白娘子

你不是妖

也不是仙

你是活生生的人

你是人间爱的精魂

人们爱你，才把你塑造如此完美

人们惋惜你，把你许给软弱的许仙

人们痛恨法海，让法海对你百般刁难

集你一身的岂止是三千宠爱

古往今来，凡是有爱心的人

谁不为你捧一掬清泪

谁不为你一叹再叹

这个世界，所谓的爱形形色色

有的为钱，有的为权

有的为一些说不清道不明的人性的隐晦幽暗折射其间

只有你，真实爱上平凡的许仙

为他苦，为他乐，为他下火海，上刀山
为他拼却平生所有，毫无怨言
让所有爱的谎言在你面前原形尽现

你原谅许仙，原谅他因为清贫不能把你打扮更加鲜艳
你原谅他的惊愕，他无法接受自己的爱人是一条蛇
他无奈，他软弱的肩膀敌不过法海的法力无边
他是凡人，他超越不了凡人的概念
你爱凡人，你承担了凡人所有的缺憾

安息吧，忧愁的灵魂
你没有得到爱，你得到了所有的爱心
你没有战胜法海，法海在蟹壳里早已良心不安

这个世界，爱已陷落
多希望你再一次盗来仙草拯救爱的危难
多希望你再一次水漫金山证明黄金的力量也很有限
多希望你再一次化成真人
再一次演绎故事
表达人间爱的真谛

无字碑

祭武则天

不着一字

我们怎样读你

生前征服天下

死后征服历史

这空白征服了所有人的思维

那是天空浓缩成的一方碧玉

那是大海凝固成的一块顽石

幽怨,碧落黄泉无语可诉

迷情,浩浩史卷不能触及

你占尽百媚

采去的岂止是六宫粉黛

你倾国倾城

也倾尽天下男儿的智慧

斩尽人间情思,仍然被情所困

不必开箱验去,石榴裙上血痕累累

割尽亲生骨肉

血淋淋把母性颠覆再颠覆

粉拳一击

数千年的男尊女卑支离破碎

权利是一种什么样的咒语

让你思纷纷，看朱成碧

拼命打破自己的性别

皇后，皇上，轮番做起

通往宝座的路上荆棘遍布

谁能阻止你刀尖上的舞步

美丽与智慧的绝妙结合使天地鬼神瞬间迷惑

政绩与血光同样让人惊心动魄

历史也慌了手脚

匆匆在盛唐的扉页

写下香艳绝伦的一笔

碎心一生

仅仅为那个万众敬仰吗？

补天的女娲又一次面临

不周之天

力拔天下兮

奈何不了一个十八子组成的"李"姓

"武"自威猛

终于还是他人之妻

日月一样辉煌，流星一样沉寂

一生创造了那么多"妙"字

竟不敢动用一字来表达自己

你以为真的无人理解你吗？

你以为真的有人诠释你吗？

必也正名乎（代跋）

王清正

胞妹苏菲从美国急切地打来电话，说她的文集出版进入到排版阶段，责任编辑打来电话，要求马上敲定文集的书名，要我帮她想想。当然，名不正则言不顺，言不顺则事不成，所以，子曰：必也正名乎！何况此文集又是她的处女作，起一个好的书名那是必须的。

我想到的第一个书名是《一路行吟集》。苏菲出生于安徽省淮北平原沙颍河边一个闭塞的乡村，她通过学习，不断地改变着自己的命运，从县城到省城，到上海，到北京直至移居到美国；又以美国为平台，遍游了南美和欧洲，并且雄心勃勃地将在近几年内游遍全球。作为一名医生，在繁忙的工作之余，这样一路走来，其中的奋勇拼搏和酸甜苦辣，令我深为感叹！但是，她走过来了，而且步伐日益轻快从容。这一路过来，从本文集诸篇章的题目比如《故乡的泡桐树》《青春留香》《南加之秋》《情迷爱尔兰》中，我们可以看到她留下的清晰足迹，瞥见她匆匆的身影。然而，她一路留下的

代 序

不仅仅是足迹和身影,还有她声声不息的歌唱。她时而徘徊低吟,叹息着生存的艰辛,时而浏亮清扬,赞美着生活的美好。她时而唱的是"篱笆女人和羊驼"式的俚语,时而是响彻云霄的西洋咏叹调。在这优美的旋律中,始终蕴含着深厚的中国传统文化的神韵,又具有率真切实的思维特点,表现出西方生活和文化环境的晕染。文集的篇什都源于对生活的深切感受和触发,如《玫瑰的爱情》里玫瑰鲜活的形象,表现了初到美国的新移民酸甜苦辣的爱情生活。在《爆炒水仙花》中,情节的结局犹如相声一样抖开了包袱儿,我们淡然一笑之后,眼眶中又忍不住涌出热泪。诗文洞察、切入生活的角度之独特,展现的时空范围之阔大,有相当的认识价值,又足以摇荡和陶冶我们的情怀。

我想到的第二个书名是《锦囊翠玉集》。这个书名源于唐人李贺创作诗歌的典故。《全唐文·李贺小传》记述,诗人李贺经常骑着瘦马背着一个锦囊在郊外闲游,触景生情便写下诗句放到锦囊中,傍晚回家就拿出这些锦囊佳句整理成篇。我为什么脑海里会瞬间冒出这一典故呢?我想,应是李贺天马行空般的想象力和诗句中的瑰丽意象深刻持续地感染了我的结果,如"女娲炼石补天处,石破天惊逗秋雨""磨刀踏天割紫云"等。他的创作特点是骑马到郊外闲逛,而苏菲的不少篇什也是在旅途中成就的。其次,文思中也时有令人惊绝的意象,比如,"我就要在这里歌唱,直到星星纷纷开始坠落，月亮变成口袋里的冰糖。"二者之间竟如此的神似！我是有幸赏读该文集的第一人，在我的感受中，此文集中的文和诗犹如一颗颗精致的翡翠，碧澈晶莹，姿态横生，叮当作响，名为《锦囊翠玉集》，岂不贴切！

我把上述两个书名用微信发给了苏菲，很快，反馈回来的看法是："哥，行吟一词非常好，我真有些行吟诗人的气质，洒脱不羁到处旅行，探幽访古抒发诗情，传播思想，搜集浪漫故事……还是你了解我。书名就叫《西游行吟集》或《天外的乡愁》吧。"

《天外的乡愁》是文集中的一个篇名。责编也基本认定用这个作为书名。我以为这个书名也很好，使我马上联想到台湾诗人余光中先生著名的诗篇《乡愁》，顿时，故园之思油然而生。乡愁啊乡愁，你究竟是怎样的一种愁绪呢？在苏菲的文集中，乡愁不仅是对家乡故土及亲人的思念，如《故乡的冬天》《寂寞的柿子树》；又是对社会生活变迁和文化兴衰更替的反刍和沉思，如《胭脂情》《夕阳中的墓碑镇》；更有对人生终极价值的思考和人类美好情感构成的执着求索，如《原乡情》《爱上荒原》《天外的乡愁——给三毛》。这种乡愁仿佛来自天外，来自不可企及的地方。

在电话中，苏菲时常向我询问乡里乡亲近来的情况，询问故园的花草和树木，我告诉她：所有的年轻人都涌入城市打工挣钱去了，故乡已是空壳村。我们家的老屋因无人居住，几乎就要倾塌了，院中蒿草萋萋。听说现在要建设新农村，说不定重新规划后，你我的乡愁就再也无所依托，就要失去精神家园了！听完我的话，电话那边先是长时间的沉默，然后是平静的诗一样的句子："哥，不会的，精神的家园永远不会沦丧，心灵如果有了栖息的地方，天涯海角都不会流浪。"

话虽淡然，我依然感受到：日暮乡关何处去，大洋彼岸有人愁。

我坚信，苏菲凭借丰富的阅历、深厚的学识和美好的情思，更多更美的文集正呼之欲出……